南仁东塑像　　作者：吴为山

中國天眼
南仁東傳

中共中央宣传部 2018 年主题出版重点出版物

入选“新中国 70 年百种译介中国好书”

中国天眼

南仁东传

王宏甲◎著

北京联合出版公司
Beijing United Publishing Co.,Ltd.

图书在版编目（CIP）数据

中国天眼：南仁东传 / 王宏甲著 . -- 北京：北京联合出版公司，2019.3（2025.8 重印）
ISBN 978-7-5596-2892-3

Ⅰ . ①中… Ⅱ . ①王… Ⅲ . ①南仁东（1945–2017）– 传记 Ⅳ . ① K826.14

中国版本图书馆 CIP 数据核字（2019）第 033759 号

中国天眼：南仁东传
作　　者：王宏甲
出 品 人：赵红仕
责任编辑：史　媛　邓　晨　夏应鹏
封面设计：仙　境
版式设计：张　敏
责任审读：刘配书
篆　　刻：陈海泉
封面人物摄影：张蜀新

北京联合出版公司出版
（北京市西城区德外大街 83 号楼 9 层 100088）
北京华景时代文化传媒有限公司发行
北京中科印刷有限公司印刷　　新华书店经销
字数 215 千字　　710 毫米 ×1000 毫米　　1/16　　17.5 印张
2019 年 3 月第 1 版　　2025 年 8 月第 9 次印刷
ISBN 978-7-5596-2892-3
定价：58.00 元

卷首诗

没有理想，怎么启航
没有铺路，怎么前进
你不是孤军作战
这里有一个民族的梦想
用身体去铺路
这是进步的代价
相信吧，在你身后
会有青春绚丽绽放

没有壮志，怎有旗帜
没有代价，怎有辉煌
你不是孤军作战
这里有一个民族的奋斗
用生命去召唤
这是光荣的代价
相信吧，在你身后
会有英姿成千上万

写在前面

自古以来，人类一直生活在空气中却看不见空气，也看不见电磁波。距今一个半世纪前，英国物理学家麦克斯韦论述了电磁波的存在。后来有人发明出无线电。它能穿过枪林弹雨，能飞越高山大海，能在所有的自由空间里传播。1993年，国际无线电科学联盟（URSI）第二十四届大会在日本东京召开。专家们讨论着，该如何把无线电更充分地应用到人类生活的一切领域。

就在这个大会的一个会议厅里，另有一些人在讨论，由于地球上无线电的大量使用，越来越多的电波干扰了外太空信号的接收，再这么下去，人类会被自己发出的无线电波封锁在地球里，无法对浩瀚宇宙做更深入的探索。于是他们提出：要抓紧建造新一代功能超强的大射电望远镜。

这些人是谁?

他们是这个大会“射电天文专业委员会”的天文学家。什么是射电天文？我想可以这样表述，人类天文学可分作三大时代：用眼观天的第一时代，用光学望远镜观天的第二时代，用射电望远镜观天的第三时代。

天文学对人类社会进步的影响，超出很多人的认识。

天文学是人类最古老的自然科学，因掌握天时才有农耕时代。中国因古代天文学发达而创造了世界上最辉煌的农业文明。直到大航海时代，凝聚着中国天文智慧的罗盘，仍指引着郑和、哥伦布去打开大海之门。

哥白尼、伽利略用光学望远镜观天，由此催生的科技进步竟开启了工业时代。若不信，再看看牛顿，他写过《光学》，还发明了反射望远镜，他的万有引力定律也是从天文学分娩出来的。

今属第三时代。世界各国的射电天文是怎样的状况？

英国的射电望远镜最早发现了脉冲星，有人因此获了诺贝尔奖。德国有100米口径的可转动射电望远镜，美国有305米口径的射电望远镜，后者被评为人类二十世纪十大工程之首。难道它比原子弹、氢弹更厉害？它的重要性被认为超过阿波罗登月。为什么？这里说明的正是：它对整个自然科学的影响，是其他一切发明所不能相比的。

在上述讨论中，射电天文先进的国家，声音就大。中国的声音较小。1993年，中国最大的射电望远镜口径只有25米。澳大利亚、荷兰、日本、印度的声音都比中国响。印度在赤道附近建造的巨米波射电望远镜，由30台45米口径的旋转抛物面天线组成。欧美天文学家在说："如果不抓紧建造新一代大射电望远镜，将来就只有到月球的背面去建造了。"

大家都认为，造这样的超级大射电望远镜，一国难以实现，要多国联手，于是决定成立国际大射电望远镜工作组，这个工作组由美国、英国、加拿大、澳大利亚、中国、法国、德国、印度、荷兰和俄罗斯等十国代表组成。

南仁东深知这件事对人类的意义和对中国的意义，他向中国科学院提出，我们要抓住这个机会，争取把“大射电望远镜”建到中国来。可是，这可能吗?

那时没有人会想到，二十多年后，一个世界最大的500米口径射电望远镜会出现在中国贵州。它标志着中国在天文第三时代又挺进到世界天文的前沿。南仁东用自己的全部生命换来了它。当然，缔造它的还有成千上万的科研人员、工人和中国悠久的文化精神，它是当今中国综合国力的体现。

2018年12月 北京

目录

第一章　为什么要仰望星空

第二章　总工程师的摇篮

第三章　打开天空之门

第四章　去看看世界

第五章　莽莽万山深处

第六章　找回自力更生

第七章　是诺曼底还是滑铁卢

第八章　秋风编织出七色锦缎

第九章 深情的召唤

第一章

为什么要仰望星空

每个人的童年，都会对星空感到惊讶。也许，星空正是开启我们“想象”的启蒙老师。我们自幼就看见了星空，但星空里还有很多我们看不见的“东西”。我相信，我们头顶上灿烂的星空，具有震撼人心灵的力量。古代，老子、文子、庄子、屈原、张衡，或者柏拉图、亚里士多德……他们的精神世界，都感受过头顶上星空的震撼。

1 你的眼睛能看多远

这个问题，是冠音问我的。

我想了想，回答：一百多米吧。

冠音对我的回答好像有点奇怪，问：为什么说一百多米？

我说：我青年时参加民兵训练打靶，枪与靶的距离是一百米，那看起来已经有点吃力了。

冠音又问：你确定只能看这么远？

被她这么一问，我想到了狙击手。我说狙击手配上放大的瞄准镜，能看到一千多米的射击目标。据说，有的狙击手击毙了两千四百多米外的目标，那就差不多看到五里地了。

冠音说：用瞄准镜看的不算，就说用肉眼能看多远？

我使劲说了一下：三百米吧。

冠音说：不对。你至少能看十万八千里。

我笑了：我又不是孙悟空。

冠音也笑了，一种有点狡猾的笑：你看到太阳了吗？

我愣住。

她接着说：你没用望远镜看吧。

她又说：太阳距离我们一亿四千九百多万公里，所以你的眼睛能看到比十万八千里远得多的地方。

冠音说这话时正读四年级。她就读的北京市图强二小原是航天部的子弟学校，这所学校注重培养学生的天文爱好。冠音对天空、对宇宙的兴趣，就是在学校里获得的。

“你的眼睛能看多远？”

冠音的发问，给了我一个真正的问题。

我的眼睛能看多远，并不仅仅取决于我的眼睛，还取决于我观察的对象。可是，我为什么没注意到呢？这里涉及的不只是天文学，其中的辩证关系分明蕴含着哲学的智慧。在现实生活中，还有多少问题存在这样的“短视”呢？

太阳，是距离我们最近的恒星。夏夜，我们看到的会闪烁的星星都是恒星。它们都是遥远的“太阳”，比我们看到的太阳遥远得多。现在，且不说对广袤的太空我知道多少，我甚至不知道自己有多少“盲区”。

还得承认，我们用肉眼能看到的毕竟很有限。

我们能看到满天繁星，可我们除了看到“星星会眨眼睛”，还能看到什么？太阳和月亮，是我们用肉眼能看到的最大的星球，我们看到了日出日落、月圆月缺，还看到什么？

哥白尼看到——地球是绕着太阳转的！

这个发现可了不得，把以往认为“地球是宇宙的中心”推翻了。这可是颠覆了当时一千多年来占统治地位的宇宙观。这不仅是天文学的胜利，也是人类精神领域的胜利。哥白尼《天体运行论》的出版，被认为标志着近代科学的诞生。

哥白尼用什么“看到”？

是靠一双肉眼看到的吗？

“中国天眼”几乎是突然出现在中国媒体，并立刻为世界所关注的。2016 年 9 月 25 日，是中国科学史上值得记住的日子。这一天，“中国天眼”落成启用。

当天，中共中央总书记、国家主席、中央军委主席习近平给科研人员和建设者们发来贺信。这是党和国家最高领导人第一次为大科学工程落成发贺信！信中这样写道：

> 浩瀚星空，广袤苍穹，自古以来寄托着人类的科学憧憬。天文学是孕育重大原创发现的前沿科学，也是推动科技进步和创新的战略制高点。500 米口径球面射电望远镜被誉为“中国天眼”，是具有我国自主知识产权、世界最大单口径、最灵敏的射电望远镜。它的落成启用，对我国在科学前沿实现重大原创突破、加快创新驱动发展具有重要意义。

此后，习近平主席在 2017 年新年贺词中再次提到“中国天眼”。同年 10 月，“中国天眼”作为新时代标志性的科技成果，又被写进党的十九大报告。

“中国天眼”是个什么科技成果，为什么这么重要？

2 第一次革命性进步

“中国天眼”被称为国之重器。怎么来理解这个重器？

先做一个简略的回顾。

天文学是人类最古老的自然科学。我们的祖先从山洞里走出来，到建立定居的生活，是因为发明了农耕。如果祖先不会仰望星空，没有最早的天文学知识，不能准确掌握播种的时间，就不会有可靠的收获，恐怕也就没有我们今天这样的生活了。

你知道世界上最早的农耕出现在哪儿吗？

二十世纪的历史著作，几乎都说世界上最早的农耕出现在西亚。因为考古发现，今土耳其境内有距今一万年前的人工驯化野生小麦遗迹。但二十世纪后期的考古发现，世界上最早驯化野生稻谷的地方在中国湖南道县和江西万年县，时间距今约一万两千年。中国北方粟的驯化也在万年前。中国是世界上最早发明农耕的民族之一，这是没有疑问的。

中国现存最古老的书是《尚书》。《尚书》首篇《尧典》里就记述了尧帝命羲氏与和氏去观测太阳运行，考订时令。这可信不可信？《史记》中有一篇《历书》，按司马迁的说法，尧帝还不是华夏民族最早主持修订历法的人。

司马迁写道：神农以前的事太久了。比较可知的是，自黄帝开始，考察星象，制定历法，建立五行相生相克的理论，发现阴阳消长的道理，整齐每年的余日置闰。那时有专门负责天、地、神、祇、物类的官，称作五官，分别掌理事物，各有依循的法则……于是“民以物享，灾祸不生”。

以上是司马迁的描述。司马迁说的可信吗？

我们的祖先从驯化稻谷到黄帝的时代，已经过去了六七千年。可以肯定，中华民族从远古走进农业时代，没有比制定历法指导农耕更重大的事。神农，是我们民族记忆中迈向农业时代的标志性人物。司马迁说神农以前的事太久了，他不敢说神农时代有历法，这是很谨慎的。

根据观天象而制定的二十四节气，是中国人的独创。

中国古代灿烂的天文学，是植根于庄稼的民族智慧。

中国的《甘石星经》是世界上最早的天文学著作。作者甘德与石申在公元前四世纪观测天象，发现了五大行星出没的规律，记录了八百颗恒星的名字，测定了一百二十一颗恒星的方位。他们测定的恒星记录，即世界上最早的恒星表，比欧洲第一个恒星表——希腊伊巴谷的恒星表约早二百年。

“宇宙”二字当然是中国人发明的。

“宇”指无限的空间，“宙”指无限的时间。这时间与空间，都是相对于地球上人类的认识而言的，如果没有人类对时空的认识，茫茫宇宙是无所谓空间和时间的。

“宇宙”二字在《文子 · 自然》中已经出现。东汉史学家班固在《汉书》里称文子是老子的弟子。流传至今的《文子 · 自然》里就有“往古来今谓之宙，四方上下谓之宇”的说法。此后的《淮南子》《庄子》里也有相似的说法。《文子》里还有“轮转无穷，象日月之运行，若春秋之代谢。日月之昼夜，终而复始，明而复晦”等描述。这是讲到宇宙中的日月运行了。

时间与空间是哲学的概念。我们由此可以再次领略，中国古代天文学几乎一开始就与哲学相联系。“宇宙”二字所组成的中国先人对“浩瀚星空，广袤苍穹”的认识，凝聚着令我们肃然起敬的智慧。

我们的祖先通过仰望星空，创建天文学，建立了农业社会，并通过追问天地万物的来历，创立哲学。“盘古开天地”“女娲补天”“夸父逐日”“后羿射日”“嫦娥奔月”等神话都与探索星空日月有关。

这都是农耕时代的中国先人创造的文化，而农耕时代是由于天文学的成就，才使农耕有可靠的收成。农耕，在春天播种，要到秋天才能有收成，这培育了人类的远见。在这个过程中，还培育了人类的计划、组织、分配、储存、交换、计算等等。

可以说，人类在天文学领域取得的成就，使人类社会获得第一次革命性的进步，最大的果实就是培育出一个农业时代。还可以说，中国古老的天文学对中华民族的生息繁衍、发展进步，厥功至伟。你瞧，直到大航海时代，中国的罗盘用于航海，使占地球四分之三的海域化为通途。

你见过中国的罗盘吗？中国人把对宇宙各个层次的理解，如天干地支、阴阳五行等布置在罗盘各层的同心圆里。天干地支，就是对天象的观测做出的抽象表示。汉语“星罗棋布”，可以说是对罗盘的一个颇为形象的形容。

没有罗盘，郑和不可能下西洋。哥伦布横渡大西洋到达美洲，麦哲伦完成环航地球，都不能没有中国罗盘。现在很多人说“罗盘是指南针的前身”。其实，指南针只是罗盘上的磁针。磁针何时传入欧洲？恩格斯在《自然辩证法》中说道，磁针被阿拉伯人从中国传到欧洲人手里，时间约在1180年左右。

磁针、磁石、磁铁，这些词在今天读来都是“科学”的词义。在中国古代，人们发现这种被称为磁石的东西有吸铁的功能，便以“慈母怀子”之意，称之“慈”，加上“石”字旁，就是“磁”。你看，磁针，这是浸染着温文淳厚的中国文化精神的名称。你体会到了，就会感到磁石、磁针都不是冷冰冰的。罗盘早先也不叫罗盘，我们的先人称之为罗经。以“经”

称之，如同《易经》《诗经》，是以十分崇敬之心称之的。

1405 年，郑和率两万八千余名官兵的船队出使西洋。郑和是真正的大航海时代的先驱。中国人，是打开大海之门的人。

英国科学技术史专家李约瑟先生曾评价说，东方的中国人航海全副武装，却从容温和，慷慨大方，从不威胁他人的生存，不征服异族，也不建立要塞。

今天，一些持“中国威胁论”的西方人，如果不是别有用心，那就是对中国人太不了解了。

可以这样说，直到欧洲文艺复兴之前，在全世界范围，基于先进的天文学成就，中国拥有世界上最发达的农业、最强的航海技术，并有最先进的造船技术，同时拥有世界一流的军事实力和经济实力；但没有海盗行径，也没有侵略异族的邪念。郑和船队承载的国家行为，官兵船员表现的组织性、纪律性，以及与异族的友好精神，所到之处，都表现出对人类的共同利益有好处的大国风范，拥有充分的文化自信。这种自信，不唯是科技的、经济的，更是文化的、精神的。

天文学对人类的影响有多大？

德国哲学家康德说过一句话：“世界上有两件东西能够深深地震撼人们的心灵，一件是我们心中崇高的道德准则，另一件是我们头顶上灿烂的星空。”这是超越自然科学，深具人文精神的话语。

在距离“中国天眼”不远的地方，有一个名叫克度的小镇。这个原本默默无闻的小镇以异乎寻常的速度兴起，如今镇上已有两座五星级宾馆，几十家中小型酒店，一百多家餐馆。它多了个新的名字“天文小镇”，人们还称它为——大山坳里的“天空之城”。

镇上有个“天文体验馆”，我两次去参观了这个馆。我以为，它实际上是中国当今最好的“天文展览馆”。我将在本书中陆续讲到它。它因“中国天眼”的诞生而诞生，它已经开始了自己的生命，它必将对中国无数青少年产生重要影响。不仅如此，它也必将对来自世界各地的天文爱好者、旅游者和青少年产生影响。

走进大厅，看到的第一尊雕像，是一个站在地球上手指星空的中国古人。“这是张衡。”不少人心中会自然地这么想。

因为张衡是中国浑天仪、地动仪的发明者，是中国古代伟大的天文学家。他应该是最有资格站立在这个天文馆的大厅里迎接四海宾朋的。由于他杰出的贡献，联合国天文组织把月球背面的一座环形山命名为“张衡环形山”，把太阳系中的 1802 号小行星命名为“张衡星”。

然而，走近看，才知站在这里的是——屈原。

屈原不是天文学家，是诗人、文学家、政治家。然而屈原的《天问》，包含着对宇宙，对天地苍穹，对国家社会，对世道人心，深邃的追问！

还请留意：张衡也不只是天文学家，他还是数学家、发明家、地理学家、文学家，在东汉还任过太史令。老子、文子、庄子、屈原、张衡都是比康德早很多的人。他们的精神世界，都感受过头顶上星空的震撼。

3 第二次革命性进步

我相信，我们头顶上灿烂的星空，具有震撼人们心灵的力量，它也许发生在我们五岁或者十岁的时候。

记得少年时，我自己独立买的第一本书是《星际航行和火箭》，但不记得是什么原因促使我买这本我当时看不懂的书，大约就是某个时刻心灵受到星空的震撼？

我那时不可能知道，文子、张衡与哥白尼有什么关系。当然也不知哥白尼与南仁东有什么关系。但是，南仁东知道哥白尼对他的影响。中国诗人李白写过一句“今人不见古时月，今月曾经照古人”。哥白尼是照耀过南仁东的。

哥白尼生于1473年2月19日，南仁东生于1945年2月19日，彼此相隔472年，却是同月同日生。

现在继续说哥白尼。

他是波兰人，生于维斯瓦河畔的托伦市，那里如今也称“哥白尼城”。十八岁，他到当时的波兰首都克拉科夫，进入大学学医，这期间对天文学产生兴趣。二十三岁，他到意大利的博洛尼亚大学和帕多瓦大学继续学医，并攻读法律和神学。博洛尼亚大学的天文学家德·诺瓦拉（de Novara，1454—1540）对哥白尼影响极大。

我在2004年访问过波兰，去过克拉科夫，在此前后也访问过意大利。我感觉哥白尼的跨学科学习，很重要；此外，一个有探索精神而且勤奋的学生接受导师的影响，也非常重要。

所谓“专业”，会构成对一个人认识世界的眼界狭窄和创造力的封闭。创造力，无不来自拆除专业樊篱，打破学科封闭。这是屈原、张衡、哥白尼、牛顿等许许多多杰出者的一生所证实的，是今天的青年学子不能忽视的。

南仁东是“中国天眼”的首席科学家和总工程师，他初学无线电，后学天文学，也是个跨学科的科学家。我们还知道，爱因斯坦的小提琴拉得很好，南仁东的绘画也备受称赞。他们似乎有个共同特点，都以美的旋律去观察世界、研究世界、欣赏世界。文学，似乎是与美的旋律贴得很近的事业，但如果封闭在文学中，就文学而文学，也是不会有出息的。各领域均如此。

在今日波兰首都华沙，我瞻仰了华沙居民在 1830 年捐资建造的哥白尼塑像和纪念碑，碑座上刻写着“献给尼古拉·哥白尼——你的同胞们”。为什么是华沙居民捐资建造？波兰在历史上曾经被沙俄、普鲁士和奥地利三次瓜分而亡国。1830 年，一批波兰青年曾在华沙起义，结果失败了。当祖国不复存在时，华沙居民建造的哥白尼塑像就是波兰人精神上的祖国。

2004 年，那个阳光中的波兰秋天，以及默默矗立的哥白尼塑像，是那样地令我难忘。站在哥白尼塑像前，我还记起——少年时我仅仅知道了“哥白尼”这个有点神秘的名字，就是我那时的骄傲。从那以后过了很多年，我才知道哥白尼并不是一位职业的天文学家，他是在担任教士的年月，“业余”完成了《天体运行论》。

大约在他三十九岁那年，他迁居到波兰边境波罗的海岸边的一个古城堡——弗龙堡。弗龙堡里有一座箭楼，它本来是用于打仗的，哥白尼在这箭楼里建了个小小的天文观测台，用自制的简陋仪器进行天文观测。这个观测台从十七世纪一直保留到今天。如今它被称作“哥白尼塔”，每年都有成千上万的旅游者前往瞻仰。

哥白尼是靠肉眼加简陋仪器观察到天体秘密的吗？

不是，或者说不全是。

在哥白尼眼睛的后面，还有更敏锐的“思索的眼睛”。

科学，不是只靠看见。

没有思索，就没有真正的发现，也没有科学。

哥白尼颠覆了“地球中心说”，认为“太阳是宇宙的中心”。

我是在少年时记住以下这个情景的——哥白尼在去世的这一天，收到了出版商寄来的《天体运行论》，他抚摸着这本书的封面，永远闭上了眼睛。

这一天是1543年5月24日。

哥白尼的《天体运行论》问世，被认为标志着近代科学的开端。这个“开端”，也这样鲜明地告诉我们，西方近代仿佛“突然”起兴的进步，竟也是从天文学开始突破——由此带来的实际上不只是科学的成就，它动摇了欧洲千年来形成的哲学和宗教的宇宙观。

哥白尼逝世六十多年后，一个名叫利普赛的荷兰眼镜商人，偶然发现用两块镜片可以把远处的景物看得更清楚，他由此试制了世界上第一台光学望远镜。这是1608年的事。

1609年，意大利的伽利略制造了一台口径4.2厘米、长约120厘米的望远镜。这台望远镜用平凸透镜作为物镜，凹透镜作为目镜。伽利略用它观察天体，这就是世界上第一台天文望远镜。

伽利略也不只是个天文学家。科学史说他率先在科学实验的基础上，融会贯通了数学、物理学和天文学三门知识，从而扩大、加深并改变了人类对物质运动和宇宙的认识。他继承了哥白尼的观测和思索，用自己创制的天文望远镜观察到的天体运动，反驳了托勒密的地心体系，推翻了亚里士多德物理学的许多臆断，有力地支持了哥白尼的学说，同时指出——伟大的哥白尼出错了，太阳并不是宇宙的中心。

那么宇宙的中心在哪里？

不知道。

这“不知道”，并非无意义。

自古以来，人类就是因为“不知道”，才去探索。就是凭借对“不知道”孜孜不倦的探索，才有了无穷无尽的发现和创造。

写到这儿，我想再写一段我同冠音的对话。

“你知道牛顿一生中最重要的发现是什么吗？”我问。

“万有引力定律。”冠音答道。这时她已读到五年级。

“不对。”

“那是什么？”

我告诉冠音，我从前也是像她这样回答的，但我的老师告诉我：“牛顿自己说，他一生中最重要的发现，是有一天他发现自己对这个世界竟然一无所知。”

“牛顿怎么可能对世界一无所知呢？”冠音说。

“是呀，这就是问题。”

冠音盯着我，我知道这是在等我解释。

我说，世界上有一种人，总是对自己不知道的东西感兴趣。牛顿就是这样的人。你看——

神学说，地球是宇宙的中心。

哥白尼说，错了，太阳才是宇宙的中心。

可是伽利略接着用望远镜观察到了，太阳也不是宇宙的中心。

那么，伽利略对吗？

宇宙的中心在哪儿，宇宙有没有中心呢？

“不知道呀！”这大约就是牛顿说他“一无所知”那个时候的情境。

“接下来的问题是：牛顿发现自己‘不知道’，为什么是最重要的发现？”我问。

“我不知道。”冠音狡猾地笑着说。

“你想想，”我说，“当他发现自己对这个世界竟然一无所知，奇迹就出现了……”

“什么奇迹？”

“你听好：当牛顿发现自己对这个世界竟然一无所知，世界就在他的面前出现了——重新认识的最大的可能性。”

“哦，我懂了。”冠音说。

我说，人们的认识，常常止于知道。你说你知道了，你对那个事物的认识就停止了。牛顿正是发现自己“不知道”，才开启了对自己孜孜以求而不知的星空宇宙——重新的独立探索——他的万有引力定律、力学三大定律等一系列重大成就，都是在这以后取得的。

至此，冠音听明白了。作为一个学生，不用害怕不知道。“不知道”，其实是自己最好的导师。我将在这本书里描述，南仁东从小也是靠着“不知道”的引导，去探求，去学习，从而脱颖而出的。

牛顿是英国科学家。他为了实现自己研究的目标，还发明了反射望远镜，并基于对三棱镜将白光发散成可见光谱的观察，发展出颜色理论，还研究了音速。牛顿在天文学、数学、力学、光学、热学等方面都有重大发现，这些重大发现都基于天文而萌生。

现在我想说，以哥白尼《天体运行论》诞生为标志，人类在天文学领域获得的重大成就，使人类社会获得第二次革命性进步。那以后西方近代科学文化快速发展，催生出一个工业时代。

4 看不见的宇宙

每个人的童年，都会对星空感到惊讶。也许，星空正是开启我们“想象”的启蒙老师。

我们自幼就看见了星空，但星空里还有很多我们看不见的“东西”。今日科学领域出现了个新词“暗物质”，南仁东研究和探索的对象也包括暗物质。

现在，距离“中国天眼”和南仁东的出现越来越近了。此前讲的都是“天文望远镜”，现在要换一个名称了——射电望远镜。“中国天眼”就属于射电望远镜。

由于射电望远镜的出现，天文学家把从前所称的“天文望远镜”称为“光学望远镜”。二者之间在波长上也有很大差别。“中国天眼”工程的副经理、天文学家彭勃曾这样说：“电磁波的波长比光学的波长要长几十万倍到几千万倍不等。”

南仁东说：“如果你只是从光学波段去观察，去研究宇宙，肯定是片面的。不同的波长给我们带来不同的天文信息。”

这种“不同”是如此惊人——这无异于打开看不见的宇宙！千万年来，人类从星光灿烂中看到的是天体的光学形象。可是，光波透不过宇宙中的尘埃。无线电波则可以穿透尘埃。射电望远镜诞生后，星际尘埃遮蔽的广袤宇宙，才第一次在人类的认知世界里展露出它更多的“奥秘”。

“讲射电望远镜，我们不能忘记了卡尔·央斯基。”南仁东曾多次这样对学生们讲述。

卡尔·央斯基，是美国贝尔实验室的工程师。1931 年，央斯基在使用巨大的定向天线研究越洋无线电话的声音时，注意到一种来源不明会重复的信号。起初，他怀疑这种干扰源来自太阳，持续地追踪观察后，发现干扰源并不随着太阳的出没而变化。经反复观测分析，央斯基在 1932 年发表论文断言：这是来自银河系的无线电波。

南仁东说，卡尔·央斯基虽然没有发明射电望远镜，但他发现了宇宙中无线电波的存在。人类由此开始了用无线电波来研究天体的新纪元。

接下来的故事，是一个名叫雷伯的美国人走进射电天文学来了。他在1937年建造了世界上第一台射电望远镜，这是一台9.6米口径的抛物面碟形射电望远镜。它的口径有9米多，要是竖起来，有两三层楼高，当时没有人觉得它小。1941年，雷伯用它进行第一次射电巡天，发现了天鹅座、仙后座和人马座中的三个很强的射电源，获得了人类历史上第一幅银河系射电天图。这些成就，被认为标志着射电天文学的诞生。

1945年2月，南仁东在吉林辽源出生了。他的父亲是辽源矿务局的一个工程师。父母生养了六个孩子，南仁东在姐弟中排行第二，在兄弟中排老大。

辽源，因东辽河发源于此而得名，这里是满族的重要发祥地之一，清代被划为“盛京围场”，康熙皇帝曾钦敕“皇家鹿苑”。1902年开禁后设立县制，1983年升格为地级市。南仁东是满族人，六岁上辽源中兴小学读书。

当地有座龙首山，今日它所在的区域叫龙山区，南仁东少时就居住在这个地方。他少年时的伙伴张平回忆说：“南仁东读小学的时候就喜欢到龙首山上去看星星。”我听着感觉像听一个童话，心想很多孩子都有这样的经历吧。

可以确知的是，1945年春天，苏、美、英、法四国军队已攻进德国本土。4月16日清晨，进攻柏林的炮火像无数的闪电劈开黎明，苏联红军向柏林发动最猛烈的进攻。5月初，攻克柏林。第二次世界大战的欧洲战事结束。

此时，日军还在亚洲顽抗。

欧美一些科技人员开始把雷达技术应用于天文观测了，由此把天文研究领域扩展到了可见光之外一切种类的电磁波，这是天文学领域划时代的研究在世界范围内展开了。

“去探索看不见的宇宙。”这句话在那个年代激动人心。

1957 年，英国建成了当时世界上最大的 76 米口径的洛弗尔射电望远镜，它高达 89 米，坐落在一个外直径达 107.5 米的环形轨道上，可转动观测天体。第二年投入使用，此后陆续发现了类星射电源、引力透镜效应现象，还在球状星团中寻找到毫秒脉冲星，并成功地为美国寻找到了失去联系的火星空间探测器。

1957 年，南仁东上中学了——辽源四中。

少年时的伙伴张平与南仁东是邻居，他说南仁东从小就对星星感兴趣是真的。读到《地理》课本的时候，南仁东还关心过：“南半球看到的星星是不是跟我们看到的一样？”

张平还说：“南仁东记忆力超强，他解题的方法很独特。”

南仁东的弟弟南仁刚，今为国家一级美术师、吉林省美术家协会理事，擅长画马。他回忆说，父亲对他们姐弟的学习成绩要求很严，他们姐弟几个都没少挨打，但哥哥南仁东总能靠一张好成绩单换来父亲的笑脸。

“我哥小时候喜欢看小人书，有了钱就去书摊。最后，摊主见他来的次数太多，索性让他免费看。”南仁刚提供的这个细节很重要。一个小时候会阅读的孩子，眼界和情怀都会在那阅读中滋滋生长，蒸蒸日上。

“我哥小时候虽然玩心也重，但他几乎是带字的东西都看，他喜欢美术和文学，经常在课堂上画画和偷看小人书。”

南仁东虽然成绩一向不错，但直到上了初中，也只是还好，并不很突出，直到辽源四中有一位老师发现了南仁东……南仁刚回忆说，哥哥读清华后第一个假期回来，带他一起去四中看望恩师。哥哥对他说，没有这位老师，就没有自己的今天。

南仁刚比南仁东小五岁，那时还听不懂哥说的那位老师为什么这么重要。哥说过，那时老师把他叫到家里，那天在老师家吃饭，老师跟他谈了一天。老师说了什么，南仁东没有具体说。南仁刚说，很遗憾，他记不得老师的姓名了，只知道那老师跟南仁东“谈了一天”，是谈思想，不是传授知识。

细想南仁刚的回忆，老师那一天并非传授知识，那会谈什么呢？我相信，那个年代的老师不会对学生说“你要为自己好好读书”，而会鼓励南仁东将来去为国家做大的贡献吧！老师大约是打开了南仁东的志向。这件事发生在南仁东初三的时候，那一年他十五岁。

我一直以为一个成长中的青年，在十五岁左右心中有没有“志”这个东西，是极重要的。爱因斯坦十五岁的时候，毅然地放弃了自己的德国国籍，独自到意大利的米兰去见父亲。虽然这时没有任何东西能使人预见到他有一天会属于世界，也没有任何保障来代替他正在放弃的国籍，我以为有一种“志”，在他身上出现了。这种东西就是他所需要的独立思考和独立自主。这是一种精神上的需求。这种需求，虽然不需要通过谁批准，但不是谁都能有的。拥有心无旁骛的独立思考，才可能发现更为深邃的宇宙奥秘。十五岁，爱因斯坦已经感到，自己对于独立思考重要性的信任，要远大于对自己智力的信任。当他相信自己精神的独立性已经可以迎接自己的命运，当他相信自己的成长需要从种种束缚中挣脱出来，他就坚定地放弃了自己的国籍。

如果我上面没有讲清楚，可以再看看马克思……马克思中学毕业的时候十七岁，他在毕业作文中写下自己未来的人生选择是——为人类而工作，从而使自己的人生完美。其志已经在了。毛泽东十六岁的时候，在对未来的人生选择上与父亲发生了严重冲突，父亲要他专心来经营自己一家人的事业，但毛泽东已经做不到从此只为一家人的事业去奋斗。其志也已经在了。

汉字以“士心”为志，勇士、猛士、壮士、战士、烈士，都是可以执着自己的心去为众人之事奋斗的形象。人而无志，玩物丧志，或如今人诟病的“娱乐至死”，人生有什么意义！南仁东如此感激他初中的一位老师[1]，必是老师打开了他的心志。

5 人生赢在转折点上

很多人说：“别让孩子输在起跑线上。”这是一句市场化炒作的“忽悠语”。似乎输在起跑线上，那就赶不上了。其实，成功的关键未必在起点，而在转折点。

如果先前落后，如果出身贫寒……你并非没有机会，在人生漫长的岁月中，你八岁、十八岁，甚至六十八岁，都可能有人生重大的转折点。在这个转折点上，由弱变强，由平庸变辉煌。一个人如此，一个国家也如此。

南仁东十五岁的一个转折点，就在老师那次与他长谈之后。

“他记忆力超强。”他高中的同桌董继咸也这样说，“课本里很多内容，南仁东都过目不忘。”

其实，这时候他“过目不忘”的秘密，是提前自修了高中的物理课程。这“提前自修”正是南仁东出现“转折”的表现。

“他的作业本永远是最干净整洁的。”高中物理老师胡慧深说，“别的同学每道题只列出一种解答方法，南仁东总会列出多种解答方法。”胡老师至今保留着他的作业本和实验报告。

[1] 南仁东的亲朋好友中如有知道这位老师姓名的，诚盼告诉我，以便此书再版时写入，以补缺憾。

是的，他上高中了——辽源五中，1960 年。

1961 年，澳大利亚帕克斯射电望远镜建成。

它的口径 64 米，是南半球最大的抛物面射电望远镜，同年投入观测，发现了上千个暗星系。你知道，地球每时每刻都在旋转。至此，地球上的美洲、欧洲、澳洲都有射电望远镜在巡视着天体，亚洲和非洲还是空白。

1961 年，南仁东在辽源五中读到了高二上学期。

“南仁东并不是苦读型的学生，和他一起玩儿，能长不少知识。”他的同桌董继咸还这样说。

据说，南仁东高中时最经常玩在一起的同学叫吴学忠，他们曾经几乎形影不离。“他感兴趣的东西太多了，每一样都不敷衍。”吴学忠也说，“南仁东学习能力极强，课本上的内容都事先学习完了。课堂上，他只听自己有疑问的地方。”

“那时，南仁东有一架照相机。”吴学忠回忆说，他们拍下校内外很多风景，也互相拍彼此的照片，又去买材料来自己配显影药水。然后等到黄昏，在教室里把桌椅拼搭起来，再脱衣服围在桌椅四周，搞成一个“暗房”。他说洗出来的照片真不错。

吴学忠说，有一年端午节，他和南仁东天不亮就爬到龙首山顶去等看日出。那一天海阔天空地聊，一直聊到夜幕降临、满天星星才下山回家。那时他才知道，南仁东知道的东西真是太多了。

“高二的时候，他已经喜欢天文知识了。那时有一本杂志叫《每月一星》，南仁东自己订的，必读。”

这个时期，南仁东的求知面已经非常开阔。多年后，南仁东去苏联访问，还能把高中时朗诵过的斯大林红场讲话完整地向苏联同行背诵。去参观苏联国家博物馆，能在那里介绍俄国画家列宾、苏里科夫和希施金。

他能绘声绘色地讲出列宾的《伏尔加河上的纤夫》《意外归来》，讲出《伊凡雷帝杀子》的原名是《1581 年 11 月 16 日的伊凡雷帝和他的儿子》。能详细地介绍苏里科夫的《近卫军临刑的早晨》，说他的作品擅长取材于俄国历史事件。还介绍了俄国风景画家希施金，说他画的树林雄伟豪放，具有俄罗斯民族性格，被誉为“森林的歌手”。

转眼读高三了。那时候的高三，没有哪个学校会放下正常的教学来专门复习备考。那是真正的教学的年代。南仁东仍然照常给学校出黑板报，冬天滑冰，夏天游泳，还有时间谱曲……高考了，南仁东在高考志愿栏填上：清华大学、北京大学。

这年高考，南仁东在百分制中获得了 98.6 的平均分。这是个惊人的成绩，他以吉林省理科第一名的成绩被清华大学录取。

据说南仁东一看录取到“清华大学无线电系”，心里起疙瘩了，因为他填报的是清华建筑系。这个细节大约反映了南仁东当年的理想在建筑方面。如今他的同学们说，南仁东的考分高出清华建筑系 50 多分，被调剂到无线电专业，是因为我们国家更需要无线电方面的人才。

我相信此说。国家 1956 年制定的十二年科学技术发展远景规划就提出，要集中力量发展电子技术、自动化技术、半导体技术、喷气技术和核技术。

据说，南仁东被他的工程师爸爸一顿训斥：国家少一个建筑师，多一个无线电科学家，不是更好吗？

这是 1963 年，南仁东十八岁。

就在 1963 年，美国在波多黎各岛建造了 305 米口径的阿雷西博球面射电望远镜，1974 年更换了反射面面板，提升了望远镜观测能力。

波多黎各是美国的一个自治邦，在南美和北美之间加勒比海的大安的列斯群岛东部，距离美国本土比古巴更远。阿雷西博一经问世，它的名字就在科学界如雷贯耳。在此后的半个多世纪里，阿雷西博一直矗立在世界科技的前沿，有几千位世界各地的科学家使用了它，发现了一系列令人瞩目的天文现象。阿雷西博被评为人类二十世纪十大工程之首，其重要性甚至大于阿波罗登月。

阿雷西博射电望远镜是固定的，不能转动。1968 年，德国在波恩建造 100 米口径的可转动抛物面射电望远镜，1972 年建成投入使用。这是迄今世界上最大的可转动射电望远镜，因而广受各国天文学家重视。

1966 年，南仁东目睹了清华园里的“文革”。8 月 18 日，毛泽东首次在北京天安门城楼接见了来自全国各地的师生。不久，南仁东也加入北京学生到全国各地去串联的人流，乘上了去上海的火车。

到了上海，他接着去了广州，又辗转去了四川、陕西和甘肃。起初主要是去看革命圣地，后来去看少数民族地区。在甘肃，他对《地理》中学到的河西走廊特别感兴趣，决心去走一走。他穿过河西走廊，去了新疆。在中国西南和大西北，他都是独来独往。1967 年，他越过天山，到了南疆。

大串联，给他最强烈的印象就是祖国多么辽阔！这激发了他空前的爱国意识和渴望为祖国做贡献的愿望——这并非他独有的感受，而是那时候许多青年学子都体验过的心情。

作为满族人，他对满蒙两族曾经在长城以北的马背上广泛联姻的往事早有耳闻，现在他对这段历史很感兴趣。他长大了，已经是二十一岁的小伙子了。他想去看看蒙古包，想去听马头琴……那是一个全世界都绝无仅有的特殊岁月，青年学生走遍全国各地都有人接待。内蒙古大草原在召唤他，他独立的性格和他的眼界、胸怀，都如奔腾的马蹄在那片岁月奔驰起来……他辗转去了内蒙古，最后从呼和浩特回到清华园，而他的一颗心还在马背上。

那段特殊的岁月，特殊的经历，他是有收获的。

我的眼前有一张他二十一岁在清华园的照片，穿一件有格子的衬衫，嘴唇上方留着细细的小胡须，眼睛看着前方，不苟言笑。回到清华园时，他就是这个形象了。此后一生，他都保持着留有小胡子的形象。这个形象，在他的同学和日后的同事中都显得有点特立独行。

有人说，南仁东的小胡子可能在“文革”期间受到鲁迅先生那一撇短胡的影响。我看到 1963 年南仁东画的一张高尔基素描，感觉这里有个细节或许也不能忽略——南仁东留的短胡更像高尔基的胡子。

我没有机会问一问南仁东先生当初是怎么想的，但能感觉到，一种渴望独立思考，不肯随波逐流的品质，在他十八岁的时候已经叩问过他的心扉。经历“文革”，走过大江南北、大漠草原，某种人们称为独立个性的东西、坚毅的性格，在他二十一岁的年轮中已经成熟，这是一个杰出的科学家所必需的。

大串联回来，学校还没有复课。不知南仁东这时为何想到了自学英语。那时候，俄语还是中国大学的普教外语。南仁东的高中好友吴学忠说，那时还很少有人意识到多年后英语将很重要，南仁东是意识到的少数人之一。

吴学忠怎么知道呢？他说是南仁东写信告诉他的，宿舍里人多话多，南仁东不得不到学校的草坪上去自学英语。可是学校的草坪也不安静，他于是拿着英语词典坐上公交车，在车上看音标记单词，风雨不误。

南仁东的弟弟和多位同学都说南仁东有惊人的记忆力，我想那是一种

南仁东在清华大学

南仁东十八岁在高考中获得98.6的平均分，以吉林省理科第一名的成绩被清华大学录取到无线电系真空及超高频技术专业。二十一岁，他去了上海、广东、四川、陕西、甘肃、新疆、内蒙古……他独立的性格和他的眼界、胸怀，都如奔腾的马蹄在那片岁月奔驰起来。

训练有素的默记能力。他们还说，南仁东讲过，可以在大脑里翻书页，一页一页地翻，回想那页面上的字——就这样复习。我想，善于绘画的南仁东用上了形象思维来强化记忆。

总之，在大学毕业告别清华园的时候，他还带走了一样宝贵的东西，就是他自学的英语。多年后，“中国天眼”在立项中经国际评审，听过南仁东用英语阐述的国际专家评价说：“南仁东先生的英语不好不坏，有些话没说清楚，但他要什么，说得特别清楚。”

大家都会心地笑了。

吴学忠听说此事，讲了一句：“他们不知道，南仁东那一口不好不坏的英语，‘产地’是北京的公交车。”

6 “中国天眼”意味着什么

1968 年 11 月，南仁东从清华大学毕业了。

他被分配到吉林省通化市无线电厂工作。就这个工厂，将成为南仁东一生中至关重要的大学——社会实践大学。

再看二十世纪六十年代，由于射电望远镜问世，天文学家获得了以往几千年都“一无所知”的四大天文发现：

发现脉冲星

发现类星体

发现宇宙背景辐射

发现星际有机分子

“这四大天文发现，南老师如数家珍。”南仁东的博士生张海燕告诉我，“这四大发现中的每一项里都有故事，南老师讲得津津有味。”

可以肯定，没有射电望远镜，是不可能有这些发现的。

基于四大天文发现，已经产生了五项诺贝尔奖。

为什么这些遥远的“发现”，这么重要？

它跟我们的生息繁衍有关系吗？

“你的眼睛能看多远？”这似乎是一个永恒的问题。

二十世纪，人类的眼界已经被极大地打开。你在贵州海拔最高的毕节地区，你在藏北牧民的黑帐篷里，瞬间就能收看到巴黎和纽约的消息。人类智慧的疆域，已经伸展到太阳系外面去了，中国也在追赶世界天文学领域达到的视界。

这期间，中国也建造了射电望远镜：建在青海德令哈观测站的毫米波射电望远镜，但口径只有 13.7 米，1990 年投入使用；建在新疆乌鲁木齐南山的射电望远镜，口径 25 米，1993 年刚刚建成。到二十世纪结束的时候，中国最大的射电望远镜，口径仍然只有 25 米。

中国天文学家彭勃曾这样说：“我们要研究一些重要课题，不得不去申请租用国外先进的射电望远镜。这种申请要排队，批准我们观测的时间是以小时计算的，给我们一小时就很幸运了。”

可是，一小时里能发现什么？通常就是去感受一下。彭勃还讲述了他 1997 年底去德国的一次经历。那个冬天，他获得了使用德国 100 米口径射电望远镜一小时的机会。没想到，排队排到的时候，正碰上他们的圣诞节。

“这下好了，他们说时间都给我用了。他们过节去了。于是我完全不知疲倦了，日夜都守在那里。”正是由于这些经历，彭勃说，“我们非常渴望有自己的先进的射电望远镜。”

如今，“中国天眼”横空出世。“500 米口径球面射电望远镜”，这是什么概念？

这是世界上最大的射电望远镜。

它也是当今探测距离最远的望远镜，可达到 137 亿光年之外。

它的球面反射面积有 25 万平方米，相当于 30 个足球场大小。

它对美国阿雷西博的超越，不仅仅是反射面扩大。阿雷西博的反射面固定不动，“中国天眼”的反射面称“主动反射面”，能根据需要瞬时变形——由球面变为抛物面，并立刻进入聚焦——它是目前世界上唯一能够变形的射电望远镜。

想象一下，一个相当于 30 个足球场那么大的家伙，让它瞬间变形，那又是什么概念。

德国波恩 100 米口径射电望远镜是可旋转的，“中国天眼”与之相比，灵敏度提高约 10 倍。

与被评为人类二十世纪十大工程之首的美国阿雷西博 305 米口径射电望远镜相比，“中国天眼”的综合性能提高约 10 倍。

这里我们先来认识一下缩写名称“LT”和“SKA”，后文我们将反复提到它们。这是 1993 年在国际无线电科学联盟第二十四届大会上，多国天文学家联合提出要建造新一代巨型大射电望远镜的一个计划，初名 Large Telescope，缩写为 LT；后改称为缩写的 SKA。二十三年后，一位名叫菲利普·戴蒙德（Philip Diamond）的 SKA 国际组织总干事这样说：

“我从未想过这个望远镜是 500 米口径的。当我第一次听到这个设计创意的时候，我就震惊了。”

我是在中国中央电视台拍摄的采访图像中听到他这么说的。这位 SKA 国际组织总干事，当时就站在“中国天眼”已经建成并投入使用的现场说的这句话。

我看到他说这句话时表情仍存激动。他还说："我不认为任何别的国家能够做到这些。从几年前的一片荒芜，到现在可以运行，真的很伟大。"

怎么理解 SKA 国际组织总干事的这句话？

"中国天眼"工程，总体设计酝酿的时间超过二十年，真正开始施工建设只有五年半。这样一个重大工程建在贵州这个大山沟里，诸多建筑材料怎么运进来，施工场面怎么展开？这里不仅仅是一个科学奇迹。如果简单说一句"这是中国综合国力的体现"，这个"体现"里有多少内容，你能想象吗？

其中，科研部门的协作，贵州干部群众的支持、参加工程的工人群体的奋斗，以及南仁东与工人、农民的感情，"南仁东团队"密切负责、共同奋斗的日日夜夜，这一切是国外罕见的。

一位名叫左乌米斯（Tasso Tzioumis）的澳大利亚天文专家说："世界上没有任何一台望远镜可以与它相提并论，它的存在就是为了改变我们对宇宙的认知。"

中国在这个领域，似乎由于南仁东的出现，由于南仁东的祖国已然拥有的综合国力，在一个转折点上，突然"弯道超车"，走到了世界的前列。

我还听到一个关于"中国天眼"灵敏度的说法："你在月球上打电话，这里能听得清清清楚楚。"要是这样，这家伙的作用可思议吗？

不禁联想到：我们祖先的天文学成就曾使中华在农业时代获得长足进步；西方十六世纪勃兴的天文学，使欧洲在工业时代迅猛发展。人类观天体，初用肉眼，继有光学望远镜，再有射电望远镜。人类在经过了第一次革命性进步和第二次革命性进步之后，当今，我们是否走到了第三次革命性进步的前沿？思之于此，我感到"中国天眼"这个国之重器的非凡意义了。

第二章

总工程师的摇篮

那是一个意气风发的年代，人们热爱集体事业，工厂办夜校，关心工人文化水平的提高。那个年代也有私心膨胀的人，但不是私心泛滥的年代。那个年代的恋爱，是真正的爱慕，爱真诚、爱勤奋、爱公而忘私，而不是追逐钱财和权势。也许我还应该说，他的吉林工厂岁月，不仅是一个未来总工程师的摇篮，更是他未来精神、情感、志向和毅力的摇篮。

1 不朽的塑像

现在，我想先介绍一下南仁东塑像。

2018 年 9 月 30 日下午，南仁东事迹展暨南仁东塑像揭幕仪式在中国科学院举行。揭幕仪式由中共中央宣传部副部长梁言顺主持，中国科学院院长、党组书记白春礼讲话，中国美术馆馆长吴为山致辞。参加揭幕仪式的还有中国科学院党组副书记、副院长侯建国，科技部副部长李萌，中国科协党组副书记、副主席徐延豪，还有远道而来的贵州省委常委、省委宣传部部长慕德贵。我也应邀参加了这个仪式。

南仁东塑像的创作者就是吴为山。揭幕之前，我就相信这尊塑像会非常好。但在红绸揭开后，我看到的南仁东塑像，仍然令我惊叹——这个作品是如此之好，瞬间就把一个真实得完全没有距离感的南仁东呈现在我们面前。

这样的作品，是中国最优秀的雕塑家同最优秀的科学家灵魂对话的产物。作品达到的真实，揭示了南仁东灵魂深处的真实，这是本质的最高的真实。南仁东已经逝世。这样的对话，是发生在他们的灵魂中的。这塑像里有雕塑家对南仁东的认识，有吴为山的“发言”，有他静夜中的细语、阳光下的放歌，有他对南仁东深邃的崇敬。这是我为何要介绍南仁东塑像的原因。

我还想向你介绍一下吴为山。他没见过南仁东，但他创作的《南仁东》告诉我，他是一个真正认识南仁东的人。

2005 年，在吴为山的家乡江苏，我第一次从他送给我的一张报纸上看到他的系列雕塑作品，眼前一亮，深信中国最好的雕塑家就站在我面前了。

那以后，我在中国国家博物馆看到了他雕塑的总高 9.5 米的孔子像，那么慈祥、简朴，而又蕴含无限渊博。所谓高山仰止，这尊孔子塑像给我的强烈视觉就像一座“文化泰山”。

他雕塑的《老子》造型巍峨，胸腹都是空的，里面刻有道德经，俨然是虚怀若谷、满腹经纶的先哲形象。《老子》在法国展出时，法国前总理多米尼克 · 德维尔潘去参观，他从这尊老子塑像读出它“表现了中国的包容”，称誉“这是一个天才的创作”。

吴为山的作品曾在联合国总部大厦展览，时任联合国秘书长潘基文手扶孔子塑像，面对一百多个国家的外交官说：“这些作品表现的不仅是一个国家的灵魂，更是全人类的灵魂。”

2016 年 1 月，吴为山应德国政府邀请，受中共中央宣传部派遣，去德国塑造马克思铜像。2018 年 5 月 5 日，在马克思 200 周年诞辰纪念日，这尊“表现人类精神世界和思想高度”的铜像，在马克思故乡特里尔市揭幕。德国总理默克尔曾问吴为山：“你认为孔子和马克思有什么共同点？”吴为山说：“他们都是世界历史上的伟大人物。”

“中国应该有自己的真正的艺术语言。”这是吴为山的话。然而一个真正的艺术家，精神世界中不是只有艺术。就像作为科学家的南仁东，精神世界中不是只有科学。吴为山还说过：“德国接受中国艺术家塑造的马克思，它的深层意义是马克思主义与中国社会实践相结合所取得举世瞩目的成就，佐证了马克思主义的价值所在。”要听懂他这句说得很明白的话，其实不比看懂他的雕塑作品容易。

古希腊雕塑曾经从古埃及的雕塑中汲取营养，日后形成的西方传统雕塑和油画都注重写实。吴为山称自己的雕塑是“写意雕塑”，这似乎汲取了中国传统美术的精髓，但我以为这是讲出了中国数千年文化“重精神”的特征。吴为山还由此看到，人类高尚的精神、优秀的品质是相通的。

他这样说：“我想无论是孔子、老子还是马克思，最终就是把人类心灵深处、精神境界、思想高度表现出来。这些人物的思想高度、精神境界、心灵深处都包含着世界文化最优秀的品格。”

由此可知，吴为山作品最打动人心甚至震撼人心的地方，正在于“精神”二字，在于他雕塑出人的精神世界。还是那句话：“丹青难写是精神。”在欣赏吴为山作品的时候，最需要的就是全神贯注地看吴为山雕塑出的人物精神。

现在，他雕塑的《南仁东》就在我面前。

让我们想象一下，一个科学家的形象，应该是怎样的？

在红绸拉开那一瞬，我看到的南仁东是一个全身都是泥土气息、工农气质的科学家！

你见过这样的科学家吗？这就是中国当代科学家。

这是南仁东吗？这就是南仁东。

他出生的时候，日军还侵占着他的家乡。新中国诞生之初，中国的航空工业是零，雷达工业是零，汽车工业是零，精密机床工业是零……何谓一穷二白，那不仅仅是吃饭、穿衣问题都还没有解决。中国共产党大力开展扫盲运动和扩建学校，新中国热烈期盼孩子们好好学习，快快长大，在科学技术上去冲击我国很多迫切需要的零的突破。南仁东就是在这个背景下读完小学的。

1996 年，南仁东在贵州选找建设“中国天眼”地址期间，从平塘县克度镇去大窝凼，爬坡走到垭口的时候，遇到了几个放学的孩子。孩子们在寒风中边走边起劲地唱着歌，南仁东问他们唱什么歌，孩子们回答：“《少年先锋队队歌》。”

南仁东说：“不对，这不是。”

孩子们异口同声：“是。”

南仁东说：“不是不是，不是这样的。”

孩子们停下说：“就是。”

南仁东说：“我唱给你们听，是这样的。”他于是唱道：

我们新中国的儿童
我们新少年的先锋
团结起来继承着我们的父兄
不怕艰难不怕担子重
为了新中国的建设而奋斗
学习伟大的领袖毛泽东
毛泽东新中国的太阳
开辟了新中国的方向
黑暗势力已从全中国扫荡
红旗招展前途无限量
为了新中国的建设而奋斗
勇敢前进前进，跟着共产党

南仁东不仅喜欢绘画，也喜欢音乐，他一口气给孩子们唱出前面的两段，而且唱得很陶醉。一个大孩子说：“这歌很好听，但是我们没听过。”

南仁东说："你们唱的我听过，那是电影《英雄小八路》的主题曲，叫《我们是共产主义接班人》。"

孩子们仍然说，我们唱的就是《中国少年先锋队队歌》。

这以后，南仁东才知道，孩子们说的没错。原来，南仁东唱的是新中国第一首少年先锋队队歌，1950 年 4 月由郭沫若作词，马思聪作曲。孩子们唱的是 1961 年由周郁辉作词，寄明作曲的《我们是共产主义接班人》，1978 年定为《中国少年先锋队队歌》。

我写下这些是想起，南仁东 1951 年上小学，才六岁，他是唱着这样的歌曲长大的："我们新中国的儿童，我们新少年的先锋。团结起来继承着我们的父兄，不怕艰难不怕担子重……"那昂扬的旋律，是这样渗透了他少年时代的灵魂。

1968 年，南仁东二十三岁了。他大学毕业就到吉林省通化市无线电厂工作，开始了他同工人相结合的历程。多年后，他作为"中国天眼"的首席科学家、总工程师，面对别人赞扬他是一个"战略大师"，他自己反复说过："我不是战略大师，我是个战术型的老工人。"

这句话并不是说他从事这项工作的总体构思不重要，而是真心实意地强调——一个战略构思离不开最基层的工人的实践，在工人岗位上的锻炼和实践是极其重要的。

他这一代科学家，能在经济落后、科技也落后的国情下做出世界一流的成就，在于他们走的是"知识分子与工农相结合，科学与生产实际相结合"的道路。

南仁东就是这样的中国科学家。

他在吉林省通化市无线电厂工作了十年，这十年他从工人身上汲取了丰富的经验，涵养了宝贵的品格。他后来参加"中国天眼"的选址长达十二年，得到了贵州很多干部和农民的帮助，那是与农民兄弟结合的十二年。那时，他常常像农民那样，穿一条短裤，屁股上挂一把柴刀，要在丛林中披荆斩棘向前开路。

他的学生这样说他——

在深山寻址的南仁东，在农民堆里，分不清哪个是南仁东。

在建设工地上的南仁东，在工人堆里，也分不清谁是南仁东。

你见过这样的科学家吗？

现在再看一下吴为山雕塑的南仁东：一个全身都是泥土气息、全身都是工农气质的科学家——这就是不朽的南仁东！

2017 年 11 月 17 日，中共中央宣传部追授南仁东“时代楷模”荣誉称号，号召全社会学习南仁东的先进事迹。

吴为山就是在这时接受了中宣部给予他创作南仁东塑像的任务。我也在同一时间和同一个会议上接受了撰写南仁东长篇报告文学的任务。我也没有见过南仁东，当时我内心一方面非常感激组织上给予我的信任，一方面也担心自己写不好，辜负了这个光荣任务。我不无忐忑地说我写个短篇吧。很感谢主持会议的领导宽容地说可以。会后第二天，我就去贵州天眼基地采访。感谢中国科学院科学传播局周德进局长当即给予我极大的帮助和鼓励，感谢南仁东的同事、学生们给予我极大的帮助。

在采访中，我体会到了什么叫不朽，我一次次地看到了一个不朽的生命并不因为他身体的逝去而消失，南仁东就活在他的同事们和学生们的生命中。我还采访了先前居住在天眼基地大窝凼里的农民，同样看到南仁东就栩栩如生地活在那里的农民们的讲述中……我还听说了，有一只被工地收留的流浪狗也是南仁东忠实的朋友，那只狗只要南仁东一出现在工地上就紧紧地跟随着他，因为南仁东是跑工地最多的人，南仁东总是带着它在工地内外上上下下地走。南仁东很久没有来了，那只狗仍然每天到处找他，每天都守在南仁东从前会出现的基地的入口处。深夜里，那只狗经常孤独地坐在那巨大的天眼旁，仰头对着天空发出在人们听来是悲伤的呼唤声……基地上所有的人都被它感动了。我一遍遍地深受教育，我感到了，一个南仁东逝去了，国家需要千千万万的青少年成长为南仁东。我必须写，写一部长篇。

正是在那次采访中，一个身穿工作服，满身泥土气息，满身工农气质的中国科学家栩栩如生地出现在我面前，我能听见他的声音……所以我第一眼看到吴为山雕塑的南仁东，就立刻感到，这就是不朽的南仁东。

2 一个蓄短胡的青年

1968 年 11 月，南仁东大学毕业来到吉林省通化。

东北是共和国的工业基地。它的许多工厂，当时在我国都处于先进地位。南仁东从清华大学毕业分配到吉林通化并不是把他分配回东北老家。事实上，他的家乡在辽源，一个与通化相邻的面积更大的地区。

通化境内有河流千余条，最有名的河就是鸭绿江，这是中朝两国界河。通化的大河流还有浑江和辉发河。浑江沿城流淌，东岸有靖宇山，山上建有伟大的抗日英雄杨靖宇将军的烈士陵园。这里是杨靖宇将军当年率领东北抗日联军打击日寇的主要地区。南仁东在通化十年，曾多次去瞻仰这座陵园，拜谒杨靖宇将军墓。

通化火车站在城内的建设大街，是个始建于 1937 年的老火车站。1968 年冬，南仁东初次在通化火车站下车后就一直问路到通化无线电厂，他被分配到了这个工厂。这是个 1966 年新建的小厂，总共不到一百五十人，其中有三分之一是从学校进厂不久的青年学生。

那个时期，衣服最时兴的颜色是“军装绿”，如果是洗得褪色的军装更显一种资格，还显朴素。前来报到的南仁东穿着立领夹克、黄色的紧身裤，脚上一双尖亮的皮鞋，还蓄有青年胡。厂里的人都不由得格外打量他。那时还没有“另类”一词，南仁东当年的工人朋友今日回顾南仁东，说他“看起来很另类”。

南仁东被分配到包装车间工作，他愣了一下，没说什么。住宿，厂里把他安排到集体宿舍。有人把他领到住的地方去，他第一印象——那是个像教室那么大的集体宿舍，里面住着二十多人。

放下背包，他问带他来的人：“包装车间在哪里？”

他想去看看。有人把他带去了，他到包装车间转了转，出来就对带他去的人说：“行了，我自己转转。”他好像在认真地打量这个自己将在这里工作的工厂，两年前才建起来的无线电厂，厂房都还很新。新建的厂，说明国家对无线电非常重视。不知道他那时是不是在考虑要去找厂领导理论一下，给他换个工种。或者，不说了，先干一段包装工再说？……在清华无线电系，他学的是真空及超高频技术专业。作为非机械专业的学生，他曾经去参加机械制图比赛。那样的比赛，不是你画美术作品画得像不像，或者有没有创意，而是要有专业知识、专业素养，要精确。结果，他不只是获奖，而且是超越机械专业学生夺得机械制图比赛第一名。

在校期间，他还有一次难忘的经历。周总理到清华来看望师生，南仁东不仅是学生代表之一，还因为学习成绩突出而被安排为发言者之一……1963 年，中国走出三年困难时期不久，毛泽东面对国际上的反华势力，曾作《满江红 · 和郭沫若同志》，公开发表于 1963 年 12 月。词中有“多少事，从来急；天地转，光阴迫。一万年太久，只争朝夕”之句。南仁东记得，周总理曾鼓励清华学子要以毛主席说的“只争朝夕”的精神，敢于攀登世界科技高峰……这次经历，始终激励着南仁东。多年来读书学习，他仿佛一直在冲击自己陌生的更难一些的领域，对有挑战性的事物，他就会立刻凝聚起自己要去攻坚克难的精神。现在，厂里把他安排去搞包装，他感觉不到攻坚克难的冲动，要不要去找厂领导更换工种呢？

他去了，直接找到了厂长办公室：“厂长在吗？”

“我就是。”厂长辛占元看到这个留小胡子的青年，也用异样的眼光打量他。

南仁东同辛厂长“理论”了。我无法找回他当年是怎么跟厂长理论的，他的工友们今天回忆说，他去“据理力争”。结果是辛厂长把他改分到无线电组装车间去做“小金工”。

金工，是各种金属加工工作的总称，包括车、铣、刨、磨、钻等工艺。这是技术活，南仁东喜欢，干得很认真。今天，他当年的工友回忆他，都说他“做事一丝不苟”，“做什么，成什么”。

其实南仁东也有做出废品的经历。他是从学徒做起的，正因为做一个简单的“活”也不合格，才使南仁东对产业“工人”重新认识，对什么叫“一丝不苟”“严丝合缝”，也重新认识。

这年 12 月有一件事，让全厂的人都对南仁东刮目相看。

工厂里有一个大操场，开全厂干部职工大会就在这里。南仁东初次参加这样的工厂大会，看到台上有一幅毛主席画像画得不够像，心里过不去，忍不住就对身边的人说了出来。据说对方听了，回了南仁东一句：“你说画得不好，你画？”

第二天，南仁东去找辛厂长。他已经跟辛厂长有过一次“理论”，感觉辛厂长是个很能够听取建议的领导。他在一个车间里找到了辛厂长，把厂长叫出来，讲出了自己想为工厂画一幅巨幅毛主席画像的想法。辛厂长感到意外：“你是说你来画？”

“是的。”南仁东肯定地说。

“你会？”

“试试吧。”

这件事能试吗？但辛厂长同意了，他对南仁东说，先不能声张。辛厂长安排人与南仁东一起去购买作画的各种材料。又问南仁东打算画多大？南仁东说五米高。厂长想了想，把他安排到一个平日没人去的“大房子”里。厂长对南仁东说，这是严肃的政治任务，你把自己封闭在这里画吧。

南仁东说我没画好你也别来，就这样在这里夜以继日地画，除了去食堂吃饭，睡也在此。直到某天把辛厂长请来，南仁东推开门，请厂长进。厂长抬头一看，几乎大吃一惊！不是画得好不好，而是栩栩如生，太好了！

厂长说，我说了还不行，我得把局领导请来看。于是把局领导请来。局领导看了也大感意外，赞不绝口。这就是工友们说的“验收也是秘密进行的”。

这幅五米高的毛主席画像，凝聚了南仁东对毛主席的无限崇敬，这一点是我们今天理解南仁东不能忽视的。这幅毛主席画像正式挂出来了。自此，全厂的人都知道了，我们厂有个清华大学毕业的高才生，还是个画家。

3 首次把知识变成产品

1968 年 12 月 22 日，毛主席关于“知识青年到农村去”的号召首次见诸

《人民日报》。毛泽东是这样说的："知识青年到农村去，接受贫下中农的再教育，很有必要。要说服城里干部和其他人，把自己初中、高中、大学毕业的子女，送到乡下去，来一个动员。各地农村的同志应当欢迎他们去。"

新中国成立后，能够读到大学的人还是少数。读完初中、高中后走向社会的是多数。毛泽东希望父母们把自己初中毕业、高中毕业、大学毕业的子女送到乡下去。为什么？毛泽东认为，去接受贫下中农的再教育，很有必要。今天看来，那一代上山下乡的中国青年，在经历了种种曲折艰辛之后，今天仍然是共和国最了解农民，最了解中国国情，最有责任感，并贡献巨大的群体。插队七年的习近平就是其中之一。

毛主席发出号召后，全国掀起了知识青年上山下乡高潮。这个时期，到农村学农，到工厂学工，与工农相结合，是社会的主基调。南仁东在无线电厂当金工学徒，还对厂里钳、铆、电、焊等其他技术工种都感兴趣，样样都想学。他会到他们的车间里去看，大家都很欢迎他，这给他带来了很大的方便。

1969 年，通化无线电厂接到上级任务，要求研发便携式小型收音机。厂领导开会研究，大家都说首先要有个科研小组。

"南仁东！"领导们一下子就想到了南仁东。

南仁东被选入小型收音机设计四人小组，另三人的姓名分别是：张凤桐、金兆铭和刘林。

南仁东有制图功底，负责设计收音机实体形象。他经过反复测算和综合多因素，先设计绘出一个便携式收音机的实体图，再给出模具的各部位具体数据，接着在张凤桐的配合下，形成了产品全套图纸。

图纸出来后，厂里给设计小组增派了一个做模具的攻关人员，名叫杨世新。杨世新是中专毕业后进厂不久的，学过做模具，而且很肯钻研，大家共同努力搞出了模具。

本厂没有注塑机，厂里让杨世新和南仁东带着模具到长春塑料三厂进行注塑测试。行前，辛厂长鼓励：如果一次不成功，不要泄气，找原因，总结经验，继续试验。

结果，测试竟一次成功通过。

杨世新回顾说：“长春塑料三厂有个七级模具师傅，当时就赞扬说，没想到搞无线电的还会做模具，就是我们自己搞也要经过几次测试。”

杨世新对南仁东的“设计精准”印象特别深：“他设计的模具样板到机器上丝毫不差。要是插件接头接触不良，他就改进插头镀金，亲手干电镀的活，干得很漂亮。”他说，后来南仁东设计、绘图制作的模具，在长春塑料三厂可以免测，直接上机生产。

然而，这只是模具。在整机的研制中，他们遇到了很大的困难。究竟是什么困难？今天，南仁东的工友们印象最深的就是“那时不怕困难，不讲条件”。他们说，那时记得最深的就是毛主席在《为人民服务》中说的：“我们的同志在困难的时候，要看到成绩，要看到光明，要提高我们的勇气。”他们说，那时，毛主席的这些教导，真的很鼓舞我们。

杨世新说：“很多关键的难题，在‘巧手’南仁东这里得到解决。”此时的南仁东，已得到一个“巧手”的赞誉，但他自己知道，他是得到过很多人帮助的。

厂里有一个下放来的老技术人员，叫吴炳宣，他原是国民党某部一个无线电台的副台长。南仁东与老吴住在同一个有二十多人住的大教室里。一次，老吴因高血压导致鼻子流血不止，南仁东立刻去帮他止血，又打水帮他清洗，还扶他去医院。在研发便携式收音机的过程中，老吴给过南仁东不少帮助和启示。

南仁东成天都在车间里，上班工作服，下班也不换，那个穿黄色紧身裤、尖头皮鞋的小青年不见了，只有那撇小胡子还倔强地待着。他毕竟是清华无线电系毕业的，但他仍然是在边学边干，把大脑里的知识去生产线上对号入座，把现实的难题去与机器的实际运转磨合，他很快成为研制小组的核心。

二十四岁的南仁东和工厂的技术员、工人们一同研发的收音机终于成功了。就在他们的车间里，他们研发的收音机响起中央人民广播电台的声音，传出歌曲……

> 雄伟的天安门，宽阔的广场，
> 毛主席检阅革命队伍的地方。
> 每当我们从这里走过，
> 便会感到胸怀宽阔，
> 胜过海洋，胜过海洋。

工厂里锣鼓喧天，工人们一片庆祝成功的欢呼。工厂的大喇叭里也播出同样令人自豪的歌曲，让全厂工人们听听，这就是我们厂研发的收音机收到的声音……

> 雄伟的天安门，壮丽的广场，
> 各族人民衷心敬仰的地方。
> 虽然我们住在祖国各地，
> 颗颗红心都朝着这个方向，
> 都朝着这个方向，

都朝着这个方向！

南仁东等人研发的收音机定名为“向阳”牌收音机。

这个新产品提前进入试生产和批量生产。

“向阳”牌便携式收音机走俏全国，成为著名品牌。

有人提议要给南仁东发个什么奖。有人说不急，年轻人要多经历些考验，免得骄傲。然而，真正的奖励是这项研发成功带来的喜悦和激励，是南仁东在整个研发过程中得到的宝贵经历。

这是南仁东第一次参加一项科研新产品的设计研制全过程，他用自己学工的实践证明了自己不仅仅是一名清华的大学毕业生，他在社会实践这所大学校里继续深造成长，开始体验到怎样才叫一个对社会有用的人。

这是南仁东在科研和生产实践中迈出的第一步。这是他与工人师傅相结合，第一次实现了把知识变成技术，把科技变成产品，进而变成商品，进入千家万户的过程。这个经历对南仁东来说，非常重要。

4 人是要做点事情的

1970 年到来。这一年，南仁东所在的无线电组装车间从通化市无线电厂分离出来，成为独立的无线电生产企业，后更名为吉林省通化无线电厂。

这一年，通化无线电厂接到研制 10 千瓦电视发射机的任务。厂里有个也是大学毕业分配来的技术人员，名叫刘绍禹。南仁东约他一起去请缨。这是南仁东和刘绍禹都没有干过的事。

刘绍禹当即说：“搞电视发射机，这不是我们想干就能干的。这不可能。”

南仁东说："怎么不可能，半导体收音机，我们不是也干下来了吗？"

"怎么不可能"——这是南仁东一生中非常重要的一句话。它不是知识，它是南仁东精神里面的一种探索的、创造的内在力量——世上一切的发明创造都是把不可能变成可能。

1970 年我在农村插队，电视还是我们生活中不可想象的东西，通化无线电厂为什么要研制 10 千瓦电视发射机呢？

19 世纪末，世上还没有"电视"这个词，绝大多数人对电视也是不可想象的。但有极少数的"先驱者"开始研究设计传送图像的技术了。1900 年，"电视"这个词首次在巴黎举行的世界博览会上使用了。但是，世界上还没有电视——它正在期待着有人把想象变成现实。时光又流过了二十三年，苏格兰的某个下午，有个朋友来看辞职在家养病的贝尔德。贝尔德大学毕业后在一家电器公司工作，此时虽病魔缠身，但仍喜欢幻想。他的朋友来跟他聊天，在苏格兰下午的阳光下，两人海阔天空地聊起了马可尼……马可尼生在意大利，少年时的马可尼几乎没在正规的学校读过书，但他有了阅读的能力后酷爱阅读。马可尼在意大利发明了一种无须用电线传播通信的方法，向意大利政府报告，不料政府不感兴趣。他转而来到英国，英国的邮局感兴趣了……1909 年，"共和国"号和"佛罗里达"号在纽约附近的海上浓雾中相撞。远方的"巴尔蒂克"号收到了"共和国"号发出的求救信号，赶来营救了两艘客轮上的 1650 名旅客。从此，"无线电"的名称传遍世界。同年，马可尼获得诺贝尔物理学奖……就在这天，朋友说："既然马可尼能够远距离发射和接收无线电波，那么发射图像也应该是可能的。"这句话给了贝尔德很大启发，他决心把"用电传送图像"变成可能。

此时的贝尔德辞职在家，有时间来琢磨这件事，他把卧室变成了实验室……直到 1925 年 10 月 2 日，他在另一个房间的影像接收机里看到了隔壁传过来的图像，“电视”就这样诞生了。贝尔德成为电视的发明人。

1936 年 11 月 2 日，英国广播公司在伦敦郊外的亚历山大宫，播出了一场颇具规模的歌舞节目，并首次开办每天两小时的电视广播。此时伦敦有 200 多台电视机收看。1939 年 4 月 30 日，美国无线电公司通过帝国大厦屋顶的发射机，传送了罗斯福总统在世界博览会上致开幕词的实况。第二次世界大战之前，开办电视节目的还有德国、法国、意大利。

1958 年，中国第一台黑白电视机在天津诞生，同年开始试播。当时全国只有 50 多台黑白电视机。这年南仁东还在上初二。1971 年，全国已建有电视台 32 座。此前一年，1970 年，南仁东他们开始研发的电视发射机，就是当时十分需要的设备。

“人是要做点事情的。”刘绍禹说，南仁东那时说过的这句话很打动他。这句话后来成为“南仁东名言”，也是南仁东自己的座右铭。

刘绍禹同意了南仁东的想法，两人一起去向工厂请缨，获准。他们的研制工作是从阅读、研究“两麻袋图纸”开始的，这意味着是将已有的科研图纸变成产品。研制小组每人都很投入。南仁东留给大家的印象是：手不离图纸，嘴不离香烟，眼睛通红。由于南仁东发挥的作用大，不久，他被任命为电视发射机研制小组组长。

“发射机上有散热用的排风机，小叶轮很多，厂里的技工做不了，南仁东就自己动手做，做得既漂亮又精巧。铭牌也是南仁东用手工制作的，线条和图案都是他用扁铲一下一下地敲出来的，我俩再自制电镀槽，用简易方法给镀上金色。”这是刘绍禹亲见亲历的往事。

通化无线电厂研制的 10 千瓦电视发射机，当年就顺利通过了省级验收。其中由南仁东主导设计的电视发射机外形，被吉林省工业厅评为第一名。

南仁东与刘绍禹在通化无线电厂一起工作了十年，这十年里有过许多相互切磋、相互启发。用他们自己的话说，还有嬉笑怒骂和友谊，分别后也有深长的想念。

从我离开通化，从我离开祖国，我没有一次感到像在你家吃炒豆芽那么对胃口，没有一分钟的幸福可以同我在酷寒中修江堤的日子相比……

这是南仁东离开通化又十年后，在日本写给通化的好友刘绍禹的信。在刘绍禹心中，往昔历历在目。完成了研制电视发射机的任务后，他们再接的一个新项目是与吉林大学合作开发一款计算机，它的功能实际上类似现在的电子计算器。这一次的合作和开发，南仁东又上了一个大台阶。

5 初步建立可靠性概念

斯可克这个名字看起来像外国人，他祖籍在浙江，生在湖北恩施，七岁到北京，在北京长大。他于 1964 年，晚南仁东一年考进清华大学无线电系。

“大学期间，我与南仁东并不熟。”斯可克说。

大学毕业后，斯可克也比南仁东晚一年分到吉林省通化市无线电厂。1978 年，南仁东考进中国科学院研究生院，斯可克考进冶金自动化研究设计院，如今是这个设计院的副总工程师。

“2009 年，南仁东找我，问我愿不愿意参与天眼这个项目。天眼有六大系统，测量和控制是其中一个系统。我同意了，就来到测量和控制组干。”

斯可克说。

这样，斯可克对南仁东的了解是比较多的。由于他在清华所学的专业，也使他对南仁东在通化无线电厂“与吉林大学合作开发一款计算机”之事，表述得比较清晰。

他是这样说的：“当我们还在使用机械手摇计算器的时候，南仁东带队和吉林大学数学系教授、中国科学院数学学部委员王湘浩团队，一起研究消化引进的意大利的晶体管台式计算器，并利用泰勒公式方法增加了三角和对数函数。那设计中有 28 块集成电路板，300 多个三极管，2000 多个二极管，最终做成国内首台电子计算工具。”

斯可克说到了王湘浩。没错，王湘浩早在 1955 年就被评为中国科学院数学学部委员，是我国数学学科首批九位学部委员之一。他 1915 年生于河北安平县，1933 年就读于北京大学数学系，后曾在美国普林斯顿大学攻读博士学位，1952 年任东北人民大学（后改为吉林大学）数学系主任。由于国家建设的需要，他于 1958 年又开始了电子计算机和控制论方面的研究，后建立了吉林大学计算机科学系，是中国第一批计算机学科博士生导师之一，还成为国务院学位委员会计算机学科评议组组长。南仁东在当年结识王湘浩教授，并参与实践研发那款小型计算机，所得的收获是非常重要的。

斯可克告诉我，那设计中的 2000 多个二极管、300 多个三极管等，要保证每个管子摆位精确，排列组合严丝合缝。所有这些，都是南仁东精确计算、设计，亲手绘制图纸，再由工人们实现出来的。

斯可克还说，当时的二极管老坏，可靠性不高。每一个东西的可靠性都会决定整机的命运。务必保证每个部件、每个部位、每条线路的可靠性，才能成功。

“南仁东是在那时候，初步建立了可靠性的概念。”我看着坐在我面前的斯可克，记下了他这句话。

我听懂了这句话的重要。斯可克的意思是，南仁东在“中国天眼”整个工程的设计建造中，那么聚精会神地抓牢每个组成部分、每个部位、每个细节的可靠性——这个极其重要的“可靠性概念”，就是在研发那款小型计算机的时候初步建立的。

2017 年 11 月 7 日，南仁东家乡《辽源日报》发表了记者陈博琳、陈兴权去通化采写的一篇报道，题为《青年南仁东是一个能成“大器”的人》。文章记述了南仁东在工厂时期的很多生动事例，其中写到研制那款小型计算机时，南仁东为了让计算机键盘更加美观和耐用，摒弃了原键盘设计。他用手工在蓝色有机玻璃上刻阿拉伯数字及字母，再把白色透明有机玻璃叠加上去，使键盘上的数字、字母既清晰又不受磨损。此项发明南仁东显然是把美术上的造诣运用到键盘上去了。

这款计算机从试生产到大批量生产，在全国大受欢迎。在二十世纪七十年代，一台最高竟卖到一万三千元。通化无线电厂成为通化市三大纳税大户之一，工厂也发展为千人的大厂。南仁东从一名工人晋升为技术科长。

今天，通化无线电厂的老干部、老技术员、老工人对南仁东的评价是：南仁东车、钳、铆、电、焊样样都会，样样都精，设计、制图也很专业。

几十年后，南仁东在天眼工程基地，人们总是看到他戴着安全帽、穿着工作服在施工现场——不定何时，工人做不了的作业，他上手就熟练地干起来了。

斯可克看见了，对此非常熟悉。

“南仁东对模具、机械加工、电镀、锻造，样样都会，样样都精，就是在工厂里向工人学的。而且做得比那些师傅还好，师傅都很佩服他。”斯可克还说，“他对整个流程都感兴趣。”

“我是个战术型的老工人。”南仁东这句话里，有他对自己青年时代工厂生活的回忆，有他同当年的工友们的友谊，也有对他今天的博士生的教导。在通化无线电厂，他将自己在大学课堂里学的和自学的电学、无线电学、天文学、材料学、技术工艺等学科知识，系统地与科研生产实践相结合。

你可记得，初进厂时，他对厂里把他安排到包装车间不能忍受。现在，他还主动去包装车间“补课”，还去锅炉房干活。他还琢磨统筹谋划、分工协作，了解从原材料进厂到出成品，中间有多少工序。这已不只是技术，连科研带生产，包括设计、绘图、论证、材料准备、购置新设备、设备维修、计划调度、人员配置、成本核算、工时、工资，直到检验、包装、运输，他全部去涉及、去了解。他不是厂长，他只是技术科长，但他常常到各车间去转，不去转，就不可能了解到准确的情况。这好像是“多管闲事”，但就世上的发明创造而言，甘德、石申、张衡、哥白尼、马可尼……都是多管闲事才有他们的见地和创造。青年南仁东正在一个无线电厂里培养他的创造性气质。

了解了工厂里科研、生产各环节的情况，他向工厂提出，对每个环节都要力求准确。这就需要修订有关标准，每一项标准都联系着“精确、再精确”，效益就从那精确里生出来。二十世纪七十年代的通化无线电厂这么做了，所以，他们成为通化市的三大盈利大户，并不仅仅因为一台计算机卖出怎样的高价钱。

对南仁东来说，更重要的也许不是经济效益。不管去了解、去涉及的工序有多么复杂，他的目的都很简单，只是想确切地知道：一个产品是怎么问世的，一个企业是怎么运转的。

南仁东在通化无线电厂“学工”十年，经历了研制便携式收音机、电视发射机和小型计算机的全过程，这对于他日后担当研制“中国天眼”的重责大任，是太重要了。

什么叫总工程师？

哪一块你都拿得起来，权威性就有了，协调能力就有了。

南仁东也许受过他的“工程师父亲”的影响，但更重要的是他自己在工厂里经历了如此的熏陶——他是在设计自己、建设自己——多年后，他成为“中国天眼”的首席科学家、总工程师，通化无线电厂则是他成长的摇篮。

6 青年鲁班

在与吉林大学联合研制小型计算机的时期，南仁东在厂里已被人们誉为“青年鲁班”。这个称誉与大家当年看的电影《青年鲁班》有关。

《青年鲁班》是拍摄于1964年的电影，影片中有两个人物在当时的青年们中产生热烈反响。一个是青年建筑工人李三辈，新中国成立之前，他家有三辈人讨饭，这是他名字的由来。另一个人物是大学毕业来到建筑工地的女技术员兼夜校教员秦淑贞。

影片讲李三辈文化程度低，积极参加夜校学习。秦淑贞感到他真是“笨拙”，但又被他的倔强和苦学所感动，下决心一定要帮助工人们学好文化。李三辈在学习和工作中进步很大，但在投身技术革新中忽视了向老工人学习经验和技术，试验失败了。

影片讲了从书本上学习的重要，也讲了向老工人学习的重要。最后李三辈从这两方面都吸收了营养，并经过自己的刻苦钻研，成功地创造出一种计算表，代替了传统木工的“放大样”，在红旗招展的建设高潮中发挥了作用。李三辈也和秦淑贞真诚相爱了。

这是一部黑白电影，当时许多工厂的操场上都露天放映过。影片的剧情并不复杂，也没有惊天动地的事件，但人们都爱看，尤其青年工人们看了很激动。

影片里充满那个时代的精神风貌。人们热爱集体事业，工厂办夜校，关心工人文化水平的提高。那个年代也有私心膨胀的人，但不是私心泛滥的年代。那个年代的狼要披着羊皮，而不是羊也要学着狼说话。那个年代的恋爱，是真正的爱慕，爱真诚、爱勤奋、爱公而忘私，而不是追逐钱财和权势。影片里人们的世界观、价值观、人生观，以及激动人心的爱情观，都是阳光的，催人向上的。看过《青年鲁班》电影的工人们，看到南仁东善于钻研，善于解决各种技术难题，一心扑在工厂的事业上，同工人打成一片，就称赞他为“青年鲁班”。

那个年代，是电影里的“青年鲁班”影响了南仁东，还是南仁东身上有李三辈的许多品质，人们才这样赞扬他呢？

我不能忽略上述情节，是因为我想，这是超越科技，也是超越经济的故事——正是那个时代的精神，哺育了南仁东这一代人。仅靠南仁东自己，在那个物质和技术条件都匮乏的年代，在那个小厂里是搞不成那个便携式收音机，也搞不成电视发射机和那个小型计算机的。就整个中国来说，如果不是那个阳光灿烂、催人奋进的时代，如果不是那个时代有数不清的热爱祖国、忘我奉献的中国人，肯定是搞不成“两弹一星”的。即使在今天的新时代，如果不是有南仁东精神和南仁东所影响的科学团队，也是搞不成世界一流的“中国天眼”的。这就是我们今天怀念南仁东，寻找、铭记和弘扬南仁东精神的意义。

五六十岁以后的南仁东，越来越怀念他的工厂时代，这并非年纪大了怀旧，而是他与昔日的工人朋友们有着十分珍贵的感情，有着对那个年代同甘共苦、奋发图强之精神的无限珍惜……他重进校园获博士学位后，曾经满世界跑，荷兰、日本、英国、美国，不管到哪里都会给通化无线电厂的老朋友们写信，寄去照片。

你知道南仁东到工厂后，是与工友们同住二十人一间的集体宿舍。几年后，南仁东成家了，他的妻子来到通化，这就要有自己的住房了。那时，他们夫妻在工厂附近租了一间“杆搭房”。那是一种用木杆支起轮廓，用泥垒成墙壁的简陋房屋。

南仁东在泥墙上挂上自己的画作，也满屋生辉。

下雨，屋里漏雨了。

雨水竟然把脸盆漂了起来。

孩子哭了。南仁东有女儿了。

在这个屋子里，南仁东有了两个女儿。

工人们喜欢南仁东的画作。平日里工友们结婚，南仁东没啥送，就送一幅自己的画作给工友“补壁”。

厂里有个锅炉工名叫李天成，平时与南仁东交往并不多，李天成也需要盖房居住时，南仁东去帮忙脱坯。

那的确是一个艰苦奋斗的年代，大寨的口号是“先治坡，后治窝”，很多工厂也是先抓生产，后抓住房。无线电厂终于盖起新房，分房了。南仁东因贡献很大得到了厂长级别的待遇，住进了楼房。

南仁东去工厂包装车间“补课”的时候，发现包装车间有一个名叫翟所增的学徒工没读过书，一身“江湖气”。他十七岁从农村进城来找事做，比南仁东小九岁。南仁东怕他“出事”，总是找事把他拢在身边，教他识

高尔基 （南仁东 画）

这是南仁东 1963 年 8 月画的一张作品。那个高考后的夏天，在等待录取通知的日子里，他画了这张高尔基速写。这张画他一直留在身边，工厂时期也曾挂在宿舍里。这张画不仅可见他的美术爱好和造诣，还凝聚着他青少年时期的情思和志趣。

字读书，还在自己的车间里为他物色了一位姑娘，与他结了婚。南仁东主持了婚礼。

今天翟所增回忆南仁东，仍然一口一声“我大哥”。南仁东从前也从不叫翟所增的大名，一直叫他“翟小子”。翟所增说：“我这一生，都是在我大哥庇护下走到今天的。”人们说南仁东待他像自己的亲兄弟一样。翟所增的妻子历建华则说：“南大哥更像我们的父亲。”

“2015 年夏天，我给我大哥打电话的时候，他的声音是哑的。我问咋啦？我大哥说是感冒，叫我不要担心。没过几天，给我邮来一个大箱子，是我大哥给我买的好几套衣服和几双皮鞋。有我的，还有我建华的。我大哥那时已经病成那样了，也不告诉我们，还净想着我们。”这是翟所增的回忆，说着已经泪流满面。

南仁东的工友们还回顾了一件事，那时计算机虽然价格高，但便携式收音机更普及，销量更大。有一次厂里开大会，厂长说打算压缩计算机生产，提高收音机产量。谁都没想到南仁东突然站起来，提出反对意见。

他说发展计算机是国家科技发展规划中的大事，是大方向，是趋势。计算机不仅不应该减少生产，还应该加大投入。他说我们这个计算机功能还很弱，我们应该开发集成电路计算机。

有人问：什么是集成电路？

南仁东解释了什么是集成电路，说发达国家已经在搞这东西了。在全厂大会上直接提出反对意见，还海阔天空振振有词地谈科学、谈发展趋势……那时候他的朋友们都替他担心，担心他这么做会让领导感到没面子。可是南仁东沉浸在介绍新科技的叙述中，全然不觉。厂领导耐心地听着南仁东说，只是没法表态。

又一次全厂大会，南仁东再次提出开发集成电路的事，还说，请厂里给我一批人，我们一定搞出来。这一回，厂领导几乎失去耐心，但还是忍住了，仍然没有表态。

1977 年 10 月，国家宣布恢复高考。

正在这时，厂领导在研究、考虑采纳南仁东的建议，向搞集成电路进军。南仁东得知了这个消息，还去不去考研究生呢？南仁东在犹豫。

“你可不能去。你一去，搞这集成电路就泡汤了。”

不同的人与南仁东交谈。

厂领导与南仁东交谈。

师傅、工友与南仁东交谈。

南仁东决定不去，不复习了。

南仁东的妻子郭家珍强烈地希望南仁东去考。

那位曾当过国民党某部无线电台副台长的老吴找南仁东长谈，要他眼睛看远一点，一定要去深造，将来为国家做出更大的贡献。

南仁东继续在上班，工作。

但他在下班时间开始复习功课了。冬季的东北很冷，屋檐下结着冰凌，墙上一层霜。南仁东戴着棉帽子躺在被窝里看书。夫人知道他打算去参加考试了。

他合上书时，大脑并没有停止复习。

夫人知道他有在大脑里翻书页复习的本领。

他参加了 1978 年的高考。这年 8 月，通知书来了。

南仁东被中国科学院研究生院录取为天体物理研究生。

从无线电转到学天文学。南仁东拿到录取通知书，若有所失。夫人很高兴。厂领导本希望他考不上。现在厂领导坚定地支持他去，还特意安排了两人出差，送南仁东去北京报到。

认识南仁东的人，都知道他是个硬汉，碰到越大的困难，意志越坚定，工友们跟他相处十年，谁都没见过他落泪。但是，这天上车后，南仁东落泪了。送他去的两个工友回来说："火车到锦州沟帮子的时候，南仁东又掉泪了。"沟帮子在东北是挺出名的地方，历史上就是辽西地区的商贾云集之地。沟帮子火车站建于19世纪最后一年（1899年），这里是通往关内外的咽喉要道，过了沟帮子就入关了。车到这里，就是告别东北家乡的感觉，家乡有多少亲朋好友……困难不能使他皱眉，情感却能使他情不自禁。

9月，开学了。

这个时期，考进各大学的研究生和本科生都非常欣喜。南仁东依然闷闷不乐。紧张的学习在各个大学开始后，老师们都发现，同学们的水平参差不齐。老师希望水平较好的同学帮助较差的同学。南仁东所学的天体物理是尖端专业，招收的研究生没几个人，冷冷清清的。入学之初的学习地点在北京天文台沙河观测站。

南仁东的心思，仍然在工厂火热的科研生产中。回想过去的十年，在实践中边学边干，边干边学，不是搞成了半导体收音机、电视发射机和小型计算机吗？他相信自己也能在实践中搞出集成电路……他感觉如今钻研计算机很实际，在这里琢磨星空是浪费时间，他梦见工厂的朋友们在呼唤他回去……他向他们跑去，大声说：我来了……

谁也没想到，上学两个月后，南仁东给学校留下一封信，放弃读研究生，打起背包走了。

第三章

打开天空之门

大航海时代，中国的罗盘就是打开大海之门的钥匙。看着它还能听见大海的涛声，但已无法知道，有多少先人的探索，才能把那么多星宿布置到盘上。谁是打开天空之门的人？你听说过哥白尼、伽利略，你知道麦克斯韦、卡文迪许吗？是否还听说过“天文玫瑰”……这些都刻在南仁东成长的年轮上。人是因为眼界开阔，才懂得谦逊和求索。谁会想到，有一天，南仁东也是一个打开天空之门的非常之人。

1 初入天体物理系

1978 年 11 月，吉林通化已是隆冬景象。

火车再经过沟帮子时，南仁东满脸笑容。

南仁东回到了无线电厂，大家以为他是回来看大伙儿。可是，他为什么把背包也带回来呢？没想到，他说他不念书了，回来了。

回到家，他说他不去读研究生了。

妻子郭家珍大吃一惊。

妻子劝他返校，劝不动。妻子立刻去找刘绍禹，还找南仁东的其他好友，请他们赶紧帮助劝南仁东回学校去上课。好友们也感慨，南仁东啊南仁东，天下还真有这样一个人，考上了研究生，怎能说不读就不读了……看嫂子急得这样，大家都想着法子劝，相继劝，联合劝，可是都无效。

南仁东早想好了——他们会劝，反正自己横竖不听。他就愿意在厂里跟大家一起搞集成电路，他坚信在实践中搞研发，在研发中学习提高，更有出息。

妻子无奈，去找自己的父亲。郭家珍的父亲专程来劝说南仁东。这时，中国科学院研究生院的电话也打到通化无线电厂里来了，他们也在寻找南仁东。确认南仁东果真回厂了，学校希望工厂动员南仁东尽快回校。

“马上动员南仁东回校！”工厂对来自中国科学院研究生院的电话非常重视，当作政治任务。

就这样，在郭家珍父亲、工厂和朋友的共同劝说下，南仁东同意返校。

南仁东的导师是王绶琯，福建福州人。

王绶琯于 1936 年到福州马尾海军学校造船科上学，抗日战争时期马尾海军学校辗转迁到重庆，王绶琯也随之到了重庆。1945 年，王绶琯去英国留学，第二年到英国皇家格林尼治海军学院造船班深造。1950 年，他在英国转向攻读天文学。

王绶琯正是新中国诞生之初返回祖国的那一批科学家之一。他 1953 年回国，中国科学院天体物理组就在 1953 年建立。王绶琯是中国现代天体物理学的奠基人之一。

重回中国科学院研究生院的南仁东，童年看星星的记忆也回到他的脑海。这次首先激起他注意的是，中国古代先进的天文学在现代严重落后了。此外，导师早先是学造船的，因祖国天文学严重落后而改行攻读天文，这一点也给南仁东留下了深刻印象。

1978 年王绶琯五十五岁，南仁东从导师这里了解到天文学在当代世界的发展状况。他知道了，第二次世界大战后迅速崛起的射电天文学，把天文研究领域扩展到了可见光之外一切种类的电磁波，让人们可以探知“看不见的宇宙”。

也是在这时，他知道了，刚刚过去的六十年代，是人类在天文学领域有重大收获的年代——有四大天文发现。可是这四大发现，没有一项是中国人发现的。

“为什么？”南仁东刹那间就进入了渴望知道的状态。

答案其实很简单，这些发现都离不开运用光学望远镜和射电望远镜。中国近代以来，在这两种类型的望远镜方面都落后了，相关的研究也就严重受限。如此，面对“看不见的宇宙”，要想发现它的奥秘，岂不是有如“盲人”吗？

虽然，少年南仁东就能津津有味地给小伙伴们讲什么是行星、什么是恒星，但只在1978年隆冬，南仁东返回中国科学院研究生院天体物理系之后，有关天文的新知识扑面而来，这才真正为他打开了“天空之门”。

现在，他知道了茫茫星海中还有一种奇特的星，既不是恒星，也不是行星，它发出的电波如星系又不是星系，那是什么呢？由于从照片上看“类似恒星”，它被命名为“类星体”。

是的，他知道了天宇中有一种类星体。

它是银河系外能量巨大的遥远天体，它的中心是猛烈吞噬周围物质的超大质量黑洞。这些黑洞虽然自身不发光，但由于其强大的引力，周围物质在快速落向黑洞的过程中以类似“摩擦生热”的方式释放出巨大的能量，使得类星体成为宇宙中最耀眼的天体。

天文学家观察它，指出它正以飞快的速度远离地球。类星体离地球大约在100亿光年以外，可能是目前所发现的最遥远的天体。天文学家能看到类星体，是因为它们以光、无线电波或X射线等形式发射出巨大的能量，所以它是人类用光学望远镜能观察到的天体。

自从射电望远镜问世，人类发现的脉冲星等新型天体更令人惊叹。类星体和脉冲星，就是二十世纪六十年代四大天文发现中的两大发现。这些其实就是南仁东真正迈进天文学之门后接触的课程，也是他日后总以讲故事的形式讲给他的学生听的课程。

2 对未知的探索

导师王绶琯最突出的贡献是开创了中国的射电天文学观测研究。

中国科学院国家天文台密云观测站，建在北京密云县密云水库北岸的不老屯村，1966 年批复开始建设。这个天文观测基地的射电干涉仪等重要观测设备，正是王绶琯几十年呕心沥血建造的“遨游宇宙之舟”——这是他的学生们描绘的。

这个观测站内最重要的设备，先前被称为“密云 50 米天线”，就是 50 米口径的射电望远镜。它的天线高 56 米，总重量 680 吨，由结构、馈源和伺服控制三部分组成。天线座架采用轮轨方式，反射面直径为 50 米。它是为完成绕月探测工程任务和射电天文观测，在 2006 年新建的。

王绶琯是南仁东的硕士研究生导师，也是他的博士研究生导师。密云观测站的建设及其研究工作，是南仁东在天文学领域成长的摇篮，也是引导南仁东日后去创建“中国天眼”的一艘不可或缺的冲锋舟。

王绶琯于 1980 年当选为中国科学院学部委员（后改称院士），曾任中国科学院北京天文台（国家天文台的前身）台长、名誉台长。然而导师对南仁东的影响，不只在天文学领域。

王绶琯自从 1950 年在英国转向攻读天文学，就意识到天文学在科学领域中不寻常的重要，并从中国天文学的落后意识到，要改变落后，需要几代人奋起直追。于是，王绶琯一生中还有一项重要成就，就是他还长期致力于面向青少年开展科普工作。

他倡导并创立了北京青少年科技俱乐部，在中学、科技馆、天文馆讲演，与青少年座谈，编著了一系列青少年科普读物。他因此曾在1996年被评为全国先进科普工作者。这个荣誉，也许不少人不怎么看重，但在王绶琯看来，没有比通过科普激励、培养青少年更重要的事。

1978年，南仁东已不是青少年，但在浩瀚的天文学领域，仍然是一个需要打开“天空之门”的学子。日后，南仁东的学生都说南仁东很会讲故事。他的博士生张海燕说他“无所不知”。这其实是南仁东少年以来喜欢探索未知的天性在导师这里再一次发育，发生了重要的展衍。

再说一遍，人们通常重视王绶琯是“院士”，而忽略他的“科普”。可实际上，充满着人的钻研和奋斗精神的科普故事，对于青年的培养和激励，比“院士”更重要。青年南仁东继续收获到的“科普故事”，比“专业学识”更重要。

一个相同体积的物体，密度越大，重量就越大。所以星球的密度越大，重量也越大，引力也就越大。这是南仁东很早就知道的。

现在，脉冲星作为一个“新知识”出现在南仁东头脑里了……知道脉冲星的密度有多大吗？

“乒乓球大小的脉冲星物质，相当于地球上一座山的重量。”导师是这样比喻的。

瞧，用不着说多大的山，你已经有感觉了。

人类发现的第一颗脉冲星，是从英国剑桥大学1967年建造的射电望远镜里发现的。这台射电望远镜很特别，从外表看去像一片特别的果园，在面积4.5英亩的场地上摆放着2048个特别的天线。每个天线安装在一根直立柱上，离地面2米。发现脉冲星的是一个名叫乔瑟琳·贝尔（Jocelyn

Bell）的女博士生，当年二十四岁。

贝尔的一生是有传奇色彩的。多年后，南仁东将在国际天文学联合会的大会期间与贝尔首次会面，那是 2006 年，大会在捷克共和国的首都布拉格召开。此时，南仁东已是国际天文学联合会射电天文分部主席。这是后话。

现在先说一下二十四岁的贝尔是剑桥大学卡文迪许实验室的博士研究生，听说过卡文迪许实验室吗？

好，先说一下。它太著名了。

卡文迪许实验室，从 1904 年到 1989 年的 85 年间，一共产生了 29 位诺贝尔奖得主。可思议吗？

“在鼎盛时期，甚至，全世界有二分之一的物理学发现，来自卡文迪许实验室。”科研效率之高，举世无双。

这个实验室令人惊诧，这是毋庸置疑的。

我们是不是应该了解一下？

它为什么叫卡文迪许实验室？

卡文迪许是个科学家吗？

是的。他全名是亨利 · 卡文迪许。令人惊奇的还有，他早年只是在剑桥大学的彼得学院上过学，此后毕生都在自己的私人实验室里搞科研。他去世六十多年后，剑桥忘不了他，为纪念他，有人捐款建了这个实验室。

卡文迪许生前做了什么？

他研究空气、水、地球的质量。

这些东西，你研究不研究，它不是都在那儿吗？

所以，他要获得人们的理解就比较困难。

有人说："一个活到八十岁的人，一辈子讲的话，没有谁能比卡文迪许说得更少。"

最典型的例证：他的管家要跟他说话，也得用书信跟他交流。这意味着他一生从事科研，主要不是跟谁磋商，基本上都是自己跟自己商量。

亚里士多德的研究，曾经得到亚历山大大帝的支持。莎士比亚的写作，也曾得到英国女王的支持。卡文迪许终生把自己关在自己的私人实验室里从事研究，谁支持他研究呢？

研究空气有意义吗？

他发现普通空气中氮气占五分之四，氧气占五分之一。

他研究水，确定水的成分，肯定它不是元素，而是化合物。他是分离氢的第一人，他也是把氢和氧化合成水的第一人。

他研究地球的质量，推算出地球的密度，被誉为第一个称量地球的人。牛顿是研究了星球之间奇妙的关系，才发现万有引力定律。在牛顿发现万有引力定律之后，卡文迪许是测出万有引力常量的科学家。

在此请再次留意，牛顿的万有引力也是从研究天文获得突破性成就，由此描述出地面物体与天体的运动都遵循着相同的自然定律，并因这以后的一系列发现推动了科学革命。看起来跟我们的衣食住行没啥关系的天文学，从古至今都对人类的生存和生活有密不可分的重大意义。

卡文迪许对电学的研究，也曾经惊到经典电动力学的创始人麦克斯韦（后文再叙）。卡文迪许最早提出"电势的概念"，这对静电理论的发展起了重要作用。他还提出了导体上的电势与电流成正比的关系（但他生前未发表），这一关系在1827年由欧姆重新发现，即欧姆定律。

一个研究空气的人，不修边幅是可以理解的。"他几乎没有一件衣服是不掉扣子的。”然而，他是个拥有百万英镑的富翁，因为他从祖上继承了大笔遗产。

钱的意义，对他来说是他不必为赚取生活费而花精力，可以专心搞科研。他把客厅改作实验室，在卧室放着许多观察仪器，以便随时使用。他酷爱图书，把自己收藏的大量图书分门别类地编上号，收拾得井井有条。无论是别人向他借阅，还是自己阅读，他都要履行登记手续。

“最富有的学者，最博学的富豪。”英国人这样评价他。

他不仅寡言，公开发表的论文也不多。他没写过一本书。

他过着隐居似的生活，终身未婚，自然也没有子女。1810 年他去世的时候，身边的近亲只有他的侄子。侄子把他遗留的实验笔记收拢，有二十捆。他把二十捆实验笔记放进书橱，一放竟放了六十年，无人动过。

直到 1871 年，詹姆斯 · 克拉克 · 麦克斯韦（James Clerk Maxwell）应聘负责筹建卡文迪许实验室。麦克斯韦看到卡文迪许六十至百年前的实验笔记，大吃一惊！

“他也许是有史以来最伟大的实验物理学家，他几乎预见了电学上所有的伟大事实。”这是麦克斯韦仔细阅读了卡文迪许留下的实验笔记后发出的感慨。他说的“伟大事实”，指的就是卡文迪许做出的实验所证实的科学预见。

麦克斯韦就是英国物理学家、数学家、经典电动力学创始人，他决定搁下自己的研究课题，整理这些笔记。直到 1879 年出版了麦克斯韦注释的《卡文迪许的电学研究》，才使卡文迪许的科研成果和光辉预见，得以流传下来。

也就在 1879 年，在这年的 11 月 5 日，麦克斯韦逝世。

就是说，从卡文迪许实验室于 1874 年建成算起，麦克斯韦人生的最后

麦克斯韦（1831—1879）

哥白尼、牛顿，很多人都熟悉。你认识这个人吗？学了无线电，你一定会认识他。他预言了电磁波的存在，无线电技术就是以他建立的电磁场理论为基础发展起来的。他去世那一年爱因斯坦出生。他百年诞辰时，爱因斯坦评价他的建树“是牛顿以来，物理学最深刻和最富有成果的工作”。他被认为是从牛顿到爱因斯坦这个阶段中最伟大的理论物理学家。他一生中最后五年却放下自己的研究，去帮助另一位已故科学家整理出版实验笔记。科学史上，这样的故事亦感人至深。

五年，就做这件事——整理出版卡文迪许的实验笔记。这是科学史上一件令人震撼的感人肺腑的事。人们誉之：一本名著，两代风流。

这是南仁东日后给学生们讲过的故事之一，也是1978年冬季之后进入南仁东脑海的故事。如今他的学生们追忆的多不是老师授给了什么知识，而是“南老师很会讲故事”。为什么？

南仁东说过：“人类之所以脱颖而出，从低等的生命演化成现代这样，出现了文明，就是有一种对未知探索的精神。”这里包含着他对人类精神的认识。科学技术固然重要，但不是第一重要，更重要的始终是人的精神——人的探索精神、吃苦精神、忘我精神。舍此，什么发现、发明都不会出现。

3 请记住“综合能力”

南仁东去世后第十天，是“中国天眼”落成启用一周年。

接着，中宣部追授南仁东“时代楷模”的荣誉称号。

南仁东为“中国天眼”鞠躬尽瘁。我已没有机会直接访问南仁东先生，只能通过访问他的学生、同事，访问参与天眼建设的贵州干部、农民、工人，以及他的亲友们；还有，通过他无数次走过的通往基地的山路，通过他为了改变基地科研人员单调的生活而建起来的简易篮球场，通过他为了让女生们能洗澡而建起来的浴室，通过他攀登过的一座座高塔，通过那只一直在寻找他的狗……一步步走近南仁东，南仁东的形象、步伐、声音，包括他思索的声音，才渐渐清晰起来。

我听到，他生前曾遗憾地说，我们忙于科研开发，在科研与教学的结合方面做得不够。我想，这里有他想做而未竟的事业，也可以看作他对后人的期望吧。

为什么说在科研与教学的结合方面做得不够？

在这方面，卡文迪许实验室发挥的作用，给南仁东留下深刻印象。卡文迪许实验室从1871年开始建，到1874年建成。为什么建个实验室要几年时间？

它不是一般的实验室而已，它还有工厂。它的科学实验产生的成果，多属于创新的发现与发明，要使之变成产品，就需要开展教学。

剑桥大学选聘麦克斯韦来创建卡文迪许实验室，正因为麦克斯韦是一个非同寻常的科学家！请你用一点耐心，听我用较简练的语言介绍一下麦克斯韦。

1879年，麦克斯韦在英国逝世时，爱因斯坦在德国出生。1931年，爱因斯坦在麦克斯韦百年诞辰的纪念会上，评价麦克斯韦的作为，称之“是牛顿以来，物理学最深刻和最富有成果的工作”。

不只是爱因斯坦一个人这样看。

科学史上认为：牛顿的经典力学打开了机械时代的大门，麦克斯韦的电磁学理论为电气时代奠定了基石。

物理学史上还有个说法，称牛顿把天上和地上的运动规律统一起来，实现了第一次大综合；麦克斯韦把电和光统一起来，实现了第二次大综合。

如果你愿意，读到这里，请对“综合能力”留下你宝贵的记忆（需要深刻记忆）——

麦克斯韦是这个世界上电磁场理论的奠基人，也是集大成者。他建立的电磁场理论，将电学、磁学、光学统一起来，被认为是科学史上最伟大的综合之一。南仁东作为“中国天眼”的首席科学家、总工程师，他最为出类拔萃的能力也是综合能力。世界上的伟大创造，都在于打破学科封闭、拆除专业樊篱，都在于对综合能力淋漓尽致地运用。

还请留意，不是只有科学如此。不论做什么，即使从事文学，如果只在文学本身拼搏，也是不会有真正的创造性成就的。

麦克斯韦是一个伟大的科学家，剑桥请善于综合的麦克斯韦来建卡文迪许实验室，就这件事，也是麦克斯韦一生中的重要贡献。这个实验室的创建，凝聚了麦克斯韦的学科建设、科研精神、教学方针和教育思想。

这个实验室不同凡响的意义，是把物理实验室从科学家私人住宅中搬出来，扩展成为一个科学研究机构。它是近代科学史上第一个社会化和专业化的科学实验室，研究领域包括天体物理学、粒子物理学、固体物理学、生物物理学等多门学科，由此产生了大量影响人类进步的科学成果，包括发现电子、中子，发现原子核的结构，发现 DNA 的双螺旋结构，等等。

可以说，卡文迪许实验室的创建，比任何一项重大科研成果都重要。因为它的科研与教学、生产相结合的方式，培养了一大批世界一流的科学家，卡文迪许实验室也被誉为“诺贝尔物理学奖获得者的摇篮”。

剑桥卡文迪许实验室科研与教学、生产相结合的方式，后来为美国斯坦福大学所效仿，孕育出硅谷，催生了一个信息化时代。

由于集科研与教学于一体，这个实验室就成了剑桥大学的物理系，进而发展成剑桥大学的物理科学院。能成为卡文迪许实验室的博士生，就不简单。所以，1967 年夏天，女博士生贝尔用射电望远镜搜寻天宇，能发现那个奇异信号，并且逮住不放，是有她不寻常的学识基础的。

现在，可以接着说说贝尔用剑桥那台射电望远镜发现的脉冲星了。南仁东说过无数遍这个故事，是为了让人们加深对中国筹建 500 米口径射电望远镜的认识。

科研难不难？难。但南仁东在研制“中国天眼”的过程中，深深地体会到，比科研本身更难的是“立项”。

“我开始到处游说，让全世界来支持我们。”南仁东说。

南仁东说的“全世界”，包括方方面面与此有关的人们。

4 脉冲星之母

我在寻访南仁东的时候，内心一直怀着感激——由于受邀撰写这部英雄传记，我得以了解到世界科学史上不少激动人心的往事。其中，看到了南仁东的导师王绶琯院士为什么那么愿意对青少年“科普”，南仁东为什么那么乐于给他的大学生们讲“小故事”。这是我的重要收获之一。

现在，我将接着讲二十四岁的女博士生贝尔的故事。这里实际上有南仁东和他的导师王绶琯曾经的“科普”活动，通过它，可以更清晰地了解到中国拥有“天眼”，同遥远的宇宙以及同我们身边的生活有怎样的联系。

还请记住，贝尔日后将多次来到中国，每次来都要看南仁东，见面，交谈。贝尔在中国、在国际上，都对南仁东主持的“中国天眼”给予了舆论上的积极支持。

现在接着说 1967 年 8 月 6 日那个夜晚，地点就在英国的剑桥大学卡文迪许实验室。这是个历史性的夜晚，贝尔同往常一样工作，期待着通过这台射电望远镜能发现宇宙中的奥秘。贝尔在检测射电望远镜接收到的信号时，忽然发现茫茫银河系的狐狸星座有一颗星不断发出一种很有规律的电波，规律得就好比拍电报那样持续不断。

“这是什么？”她很惊讶！

难道真有外星人？这是外星人发来的信号吗？

这个信号是确切存在的，它是如此有规律。贝尔计算它出现的周期，每隔 1.337 秒就发出一次。所有的教科书上都没有讲过这样的现象。

“这是谁干的？”二十四岁的贝尔激动了，她给这个很有规律的信号取了个名字叫“小绿人”。

“小绿人”是在寻找宇宙中的知音吗？

我，会是“小绿人”的第一个知音吗？

贝尔感到这件事非同小可。她把这个发现告诉了她的导师休伊什。导师并不惊讶，导师觉得，听起来很离奇的东西，常常是没有什么意外的。导师认为这是受到了地球上某种电波的影响。

贝尔不肯放弃这个令她惊心动魄的发现。

她继续观察，发现这个奇异的信号总是在晚间出现在同一天区。由于地球是会自转的，当转到另一面时就观测不到，转回来时又观测到了。而且，总是提前 4 分钟出现。

这说明什么？说明这个神秘信号已经不能用地球上某种电波的干扰来解释。提前 4 分钟出现，则说明这个信号不遵守地球 24 个小时自转一周的历法。这两点都可以证明：这个神秘信号不是来自地球，它确实来自宇宙深处。

贝尔再次告诉导师。这时休伊什感到吃惊了，他下意识地说出，可能是有智慧的生命发来的信号。那么，这一定是智慧和能量都远远高于人类的生命体。因为地球上的人类还没有能力向外星发出这么强大的信号。

“要不要把这个发现公布出去呢？”

“不可！”

要是把“小绿人”的信号公开，一定有人试图回复这个信号。那么，人类也许会得到一个强大的外星朋友，更可能引来毁灭性的大祸。他们讨论后决定要守住这个重大秘密。

你瞧，这听起来像是讲外星人的故事，不像科学家讲的。

其实，这就是天文学家关心的事。

“我们是谁？我们从哪里来？茫茫宇宙中，我们真是孤独的吗？”这是南仁东说过的话。南仁东就是一个关心和关注着宇宙中有没有其他智慧体的科学家。

他讲的人类寻找外星人的故事，能让你听得入迷，让你一再追问：“后来呢……后来呢？”

如果你说，这都是瞎说吧？

他会认真地跟你说：在无垠的宇宙中，你怎么能断定除了地球上的生物，没有别的生命体呢？

是呀，要证明有，很难。

要证明无，更难。

这就是科学。

人类还没有发现地球之外的生命体，不等于没有。

没有找到“外星人”，也不等于“寻找”没有意义。

科学的意义，就在于把不知变成知，把没有变成有。

自从贝尔的导师说要守住这个秘密，贝尔的心情已不似先前的激动，而是有某种恐惧了。她继续观察那个发来神秘信号的天区，就在这年的圣诞节前夕，贝尔发现了另一个同“小绿人”几乎一模一样的信号！

这个信号同样有极其精准的周期规律，间隔时间是 1.27379 秒。几天后，贝尔又发现了两个同样具有精准周期规律的脉冲信号。这使贝尔想，多个具有相同规律的信号，可以证明这是自然现象，不是什么“外星人”发来的信号。她似乎松了一口气。

而且，贝尔突然想到，这个没有变化的神秘信号，并不是智慧的信号啊！著名的莫尔斯电码是在 1837 年发明的，那是通过不同的排列顺序来表达不同的字母、数字和符号。它可以是电报电线里的电子脉冲，也可以是一种机械的或视觉的信号——比如闪光。1912 年“泰坦尼克”号游轮首航遇险时，曾发出英国马可尼无线电公司确定的船舶遇难求救信号 CQD，但是其中的 D 容易与其他字母混淆，周围的轮船没有意识到这是求救信号，错过了快速救援的时机。“泰坦尼克”号直到快沉没时才使用新的求救信号 SOS。这不断重复的 CQD 和 SOS 持续波，都是有规律的重复发送信号，但有变化，这就是智慧信号。再看贝尔收到的有规律的电波，却是没有变化的持续波，不存在智慧，那岂不是“痴呆信号”吗？贝尔更坚定地认为：她接收到的不是外星人发出的信号，这一定是发现了还没有被人类认识的新型天体。

再说少年南仁东就知道，恒星是会发光的，行星是自己不会发光的。行星会“走”，所以古人称它行星。恒星之所以叫恒星，因为人们早先以为它是固定的。

后来才知道，恒星的变化只是人们用肉眼察觉不到。宇宙中没有固定不变的恒星，有些恒星还变化多端。现在通过射电望远镜发现的脉冲星自转之快，简直太让人不可思议了。

“我们知道，地球自转一周要二十四小时。贝尔发现的脉冲星，自转一周的时间只有一秒多。”南仁东曾这样说。

一个物体的质量越密，重量就越大。脉冲星的质量有多密？南仁东说：“一块方糖大小的脉冲星材料，重达几亿吨。”

为什么用方糖来打比方？密度一般用 1 立方厘米有多少克来表示，水的密度是每立方厘米重 1 克，铁是 7.9 克。如果从脉冲星上面取下 1 立方厘米的物质，它可重达 1 亿吨以上，甚至 10 亿吨。一块方糖也就 1 立方厘米多点吧。

脉冲星当然不止一块方糖大，它有多大？

“脉冲星的直径大多为十公里左右，密度却相当于把整个太阳压缩成北京市区大小。一个质量这么重的家伙，每一秒钟左右就自转一周，你想想速度有多么快！”这也是南仁东说的。

那么，持续不断的周期信号是怎么产生的呢？

想象一下，就像你在大海上看到灯塔上的航标灯，航标灯不断地旋转着，一明一灭。脉冲星自转时发出的光，就像灯塔的光束不断地扫过太空。当它的光束直射到地球时，就是用射电望远镜探测到的脉冲星信号。

“所以有人说，脉冲星就像是宇宙中的灯塔。由于它精准的规律性，脉冲星还被认为是宇宙中最精确的时钟。”南仁东说。

1968 年 2 月，休伊什与贝尔联名在英国《自然》杂志上撰文报告：发现了新型天体——脉冲星。这立刻引起巨大轰动。

1974 年的诺贝尔物理学奖颁给了休伊什，以表彰他发现脉冲星，却完全忽视了直接发现者贝尔的贡献。

此奖一公布，舆论一片哗然。

“诺贝尔奖委员会做过很多奇怪的决定。”这话在国际上，人们早已不陌生。但把贝尔排除在受奖人之外，被认为是最令人震惊的决定之一。这不仅因为贝尔是脉冲星的直接发现者，更因为——如果没有贝尔的坚持，并发现了多颗脉冲星，她的导师已经忽视了贝尔的发现。

英国著名天文学家霍伊尔爵士在伦敦《泰晤士报》发表文章，他认为贝尔应同休伊什共享诺贝尔奖，对诺贝尔奖委员会的工作提出批评。霍伊尔最著名的成就是他的宇宙稳态理论，他创建了剑桥大学的理论天文研究所。就在此前的 1973 年，他还是英国皇家天文学会会长。霍伊尔是有影响力的天文学家，他甚至不留情面地说，这个事件是诺贝尔奖的一桩丑闻。舆论界还批评诺贝尔奖的“裁判”们显然吹了“黑哨”。

就在 1974 年，还发生了一件与脉冲星相关的大事。

美国天文学家约瑟夫 · 胡顿 · 泰勒（Joseph Hooton Taylor）筹划了一个脉冲星巡天计划，选用当时世界最大口径的阿雷西博射电望远镜。你知道阿雷西博在南美和北美之间的一个岛上，泰勒把他的学生拉塞尔 · 艾伦 · 赫尔斯（Russell Alan Hulse）派去执行这一巡天观测。赫尔斯一丝不苟地执行着导师交给他的巡天任务，最激动人心的观测成果是发现了两颗相互旋绕的双星系统。他把这个消息电告了导师泰勒，泰勒立刻赶往阿雷西博。他们进一步观测研究后确认：这是一对“脉冲双星”。泰勒和赫尔斯因发现脉冲双星而一起荣获了 1993 年的诺贝尔物理学奖。

再说贝尔，虽然没有获得诺贝尔奖，但世界没有忘记她。

英国隆重地给予她一系列崇高的荣誉。她成为英国皇家学会院士，还担任过英国皇家天文学会会长、英国皇家物理学会会长。英国伟大的物理学家霍金在 1988 年出版的《时间简史》一书中，郑重地说脉冲星是贝尔发现的，不提休伊什。1999 年，英国女王伊丽莎白二世颁发给贝尔司令勋章。2001 年，她被任命为英国巴斯大学科学学院院长。2007 年，她受封为大英帝国爵士。同年，美国哈佛大学授予她荣誉博士学位。

更让人感动的是，许许多多的普通人知道她的故事，给予她很多尊敬，称她为“被诺奖遗忘的天文玫瑰”，还称她“脉冲星之母”，把发现脉冲星的殊荣永远地献给她。

因发现脉冲双星而获诺贝尔物理学奖的泰勒，早在 1977 年与曼彻斯特合著的《脉冲星》一书扉页中就写道：“献给乔瑟琳 · 贝尔博士，如果没有她的聪慧和百折不挠，我们就无法分享到研究脉冲星的快乐。”

2016 年 9 月 25 日，“中国天眼”建成启用，泰勒与一批世界著名的天文学家到贵州平塘天眼基地参加庆典。此前两天，23 日，泰勒就接受贵州的邀请，在贵阳一中为贵州中学生做了一场题为《畅想深空》的科普报告，就“中国天眼”这个世界上最大的射电望远镜和神奇的天文物理奥秘，与“天眼之乡”的中学生们互动交流，现场热烈而且激动人心。

至此可以说，由于中国几代天文学家的奋发图强，中国天文学已在悄然改变近现代严重落后的状况，开始跻身于世界天文研究的前沿。由于南仁东与世界天文学领域建立的高端联系，也给中国青少年打开了一扇天窗、一个天眼，可望通过认识当代世界天文学去更广阔的知识宇宙中翱翔。

第四章

去看看世界

学生时代，他也喜读文学作品，最打动他的是《钢铁是怎样炼成的》。1985年，他去访问苏联的两个射电天文台，也是为了去看看奥斯特洛夫斯基的家乡……他的周围已经没人阅读保尔的故事了。他不能认同对保尔和雷锋的嘲讽。人生四十，他开始默默地捍卫自己心中认取的美好和高尚。我再次看到，一个人的心志所凝聚的价值观，是比科技和才华更重要的东西。缺少这样的心志，即使聪明过人，也会一事无成。

1 到保尔的家乡去

他出发了，这是一种新的出发。

读万卷书，行万里路，二者同等重要，相得益彰，这对一个人的成长是非常必要的。

这里又讲到了成长。是的，人生有志，就一直会成长。

前面讲过，南仁东很感激自己初中时的一位老师。为什么？我以为，那位老师打开了少年南仁东的人生志向。人生之志被打开与未被打开是大不一样的。今人普遍重视考分，或说重知识，然而人生之志未被唤醒，损失之重是不被察觉的。

那一年，南仁东十五岁。重复一遍，我一直以为成长中的人生，十五左右是个重要节点。孔子也说过自己“吾十有五而志于学”，这不是说十五岁立志学习，而是说十五岁懂得可以通过学习去实现自己的人生之志。现在是 1985 年冬，南仁东四十岁了。我还以为，人生四十左右也是一个重要节点。

为什么？不少人少年有志，但在此后二三十岁的人生经历中，经种种遭遇、曲折与挫折，那少年之志不仅还没有起步，而且渐渐消磨在好发怨声的圈子里，不见踪迹了。如果人生四十还能有志，人生就仍会蓬勃成长，即使八十岁也会成长。

他出发了，人生四十，这一次是到苏联去。

是的，1985 年，苏联还没有解体。

先看一下他的学业和学术情况。

在南仁东的档案中，有一份中国科学院数学物理学部填报的南仁东学术成就材料，其中记载着这样一段话："1978 年研究生学习期间，独立提出利用射电强源 Cyg A 校准密云米波综合孔径望远镜的方法，成功应用于观测，完成了电离层改正模型及望远镜阵列的成像。"

这说的是他自 1978 年起读研期间取得的成就。

怎么理解这件事的意义？

回看一下我国射电天文学的起步。1958 年，中国与苏联的天文学家在海南岛联合进行日环食观测——这是从研究太阳射电开始，到逐渐开展宇宙射电的观测研究。可是太阳系外的射电源离我们非常遥远，这需要有较大的射电望远镜。受我国当时国力等多因素制约，要建立大的射电望远镜还很困难。王绶琯就把注意力集中到发展米波综合孔径上，于 1966 年提出在北京市密云县境建立射电干涉仪和米波综合孔径射电望远镜的方案，并着手开展相关研究。

南仁东读研期间参与了这项研究，并有上述成就，这是一个不简单的开端。南仁东青年时期的朋友们常说他有搞出重大发明的天赋。我相信他的朋友们对他的了解，却也想，或许还不能忽略南仁东的"认真"和他的严谨思维。

认真，常常被看作一种态度。我以为不然。认真，是一种自幼训练有素的能力。许多人终其一生都不曾获得“认真”的能力。南仁东能把巨幅毛主席像画得让大家一看就感到亲切，感到这就是毛主席。他画的高尔基，仅用线条，不仅是“像”，而且那么传神。这都凝聚着自幼训练有素的“认真”，不认真是做不到的。因这认真，解题才不会“洒汤漏水”，才有高考时的吉林省理科状元。不论南仁东有无天赋，他的认真，是值得成长中的青少年认认真真地重视的。

1981 年，三十六岁的南仁东研究生毕业获硕士学位，到中国科学院北京天文台工作，任助理研究员。第二年，他继续攻读天体物理学博士，导师仍是王绶琯院士。

从 1984 年开始，南仁东开展的研究——其中许多专业术语是我陌生的，我只能恭谨地援引中国科学院数学物理学部印制填报的一份材料中关于他学术成就的描述——

> 1984 年开始，使用国际甚长基线网（VLBI）对活动星系核进行系统观测研究，主持完成欧洲和全球网十余次观测。首次在国际上应用 VLBI“快照”模式，取得了丰富天体物理成果（Nan et al., A&A, 1991）；纠正了类星体 3C119 的前期观测结论，认证了多个类星体及射电星系的中央发动机；得到 CSS 样本中所有双源皆为射电星系的结论，提出用星系相互作用或合并来解释样本形态，排除视超光速现象主导的可能性（Fanti et al., A&A,1990）；类星体 3C119 的 VLBI 混合成图，达到当时国际最高动态范围水平（Nan et al., A&A, 1991）。提出了一套针对残缺 UV 覆盖的处理方法，为欧洲和日本研究人员广泛采用。建立北京天文台 VLBI 相关后图像处理中心，使在 80 年代国内进行 VLBI 数据分析成为可能。

关于他的“专业”，就说到这里。一个能做出创造性成就的人，不只是靠“专业”。1985 年，发生在四十岁的南仁东身上的大事，是他感到现在需要走出去开眼界了。

所谓“履历”，不应限于读书工作的经历。这“履”是穿着鞋天南海北去走，闭门读书会读成书呆子，大漠草原，江涛海浪，鞋里存储的记忆，比在校读书更牢靠、立体、开阔，并激发运用。这一次，是他首次出国。

苏联，那是青少年时代激励过他的地方。他喜欢绘画，是从喜欢俄罗斯画家列宾、苏里可夫的作品开始的。他画的高尔基，凝聚着他对俄罗斯文学和绘画的双重喜爱。他喜欢音乐，最熟悉的是苏联歌曲。在唱着《莫斯科郊外的晚上》《红莓花儿开》《小路》的岁月，那种不无犹豫、悲伤，却又分明流淌着顽强和坚毅的旋律，就像在冰雪世界里燃烧的篝火，曾经是那样温暖地陪伴着、激励着他的成长。

他出发了，坐火车去。

从北京出发的国际列车，绿色的车身上有鲜艳的中国国徽。列车向北，在国内经沈阳、长春、哈尔滨、满洲里出境，进入苏联后要经停新西伯利亚站。西伯利亚是南仁东在俄罗斯文学中无数次读到的地方。“西伯利亚”地名源于蒙古语“西波尔”，俄罗斯人来了把它译为现名，意为“宁静之地”。新西伯利亚是整个西伯利亚地区最大的城市，在俄罗斯仅次于莫斯科和列宁格勒。

他出发了。这一路去，他乘坐的，称得上是世界上乘坐时间最长的列车。他再次体验到了“大串联”那年从河西走廊去新疆，又辗转去内蒙古大草原的经历……我一直相信，那次“大串联”非常有效地打开了南仁东二十一岁的眼界和胸怀……这次欧洲之行，他还将穿过整个苏联，去到西欧的荷兰。此行，将会给他带来什么？

他出发了。这年秋冬之交，他去了苏联的两个天文台。

一个是普希诺（Pushchino）射电天文台，在莫斯科附近；另一个是乌克兰克里米亚（Crimea）射电天文台。前一个，他是与导师王绶琯一起去的。之后，他独自去了另一个。乌克兰克里米亚天文台邀请他的那位天文学家名叫舒尔加（Shulga），是主持射电天文研究的负责人。南仁东特别想去乌克兰，不只是想去那里的天文台，此外还有更吸引他的因素。因而我且忽略前一个天文台之行，只说他为什么特别渴望去后一个。

学生时代，他也喜读文学作品，并着迷。他看过许多苏联时期的文学作品，最打动他的就是《钢铁是怎样炼成的》。南仁东出生的时候，家乡辽源火车站早已存在。保尔·柯察金的家，也在乌克兰一个小镇的火车站旁边。少年保尔就在火车站里干活。南仁东对小说中的许多细节都很熟悉。作品里的基辅、第聂伯河，南仁东熟悉得就像是自己的家乡。

这是不能忽略的。在南仁东读中学、大学那个年代，不仅保尔在艰苦岁月中的战斗故事鼓舞过很多中国读者，保尔与冬妮娅、与丽达的恋情，也曾经打动过无数中国青年的心。

2 凝听第聂伯河

我曾想，一个人成年后心中仍然有志，是受他人激励的，还是自己不断加强的？我以为多半是后者。

第聂伯河，是欧洲仅次于伏尔加河与多瑙河的第三大河。在乌克兰境内，则是流经乌克兰最长的河流。由于它长，人们习惯将它划分为上第聂伯河和下第聂伯河。上第聂伯河是从河源至基辅，下第聂伯河是从基辅至河口流入黑海。在俄罗斯和苏联时期的文学作品里屡屡读到第聂伯河沿岸的故事。第聂伯河，就是乌克兰人的母亲河。

乌克兰的土地多是黑土地，有“欧洲粮仓”之誉。

“这跟我们东北的黑土地好像啊！”

南仁东第一次看到它时，对自己以前竟没有注意到这一点，感觉是个疏忽。对乌克兰，他毫不陌生的就是尼古拉·阿列克谢耶维奇·奥斯特洛夫斯基是俄罗斯人，出生在乌克兰……早年学过俄语的南仁东，能用俄语把这些话，向克里米亚天文台的同行说得很流利。

奥斯特洛夫斯基，就是《钢铁是怎样炼成的》这部小说的作者。1914年第一次世界大战爆发，俄罗斯帝国也在战乱中。此时的奥斯特洛夫斯基刚刚十岁，母亲把他送进小镇的一所小学读书。一次，奥斯特洛夫斯基在上神学课的时候问神父，天文课老师说的地球存在的时间，同神父说的为什么不同?

神父大怒，揪住他的耳朵往墙上撞他的头。

后来，奥斯特洛夫斯基上神父家里补考时，他悄悄地在神父家为过复活节而准备的食品里撒了一把烟末。那天一起补考的不只他一个学生，还有几个同学，他以为神父无法发现是谁干的。结果，神父还是发现了他。神父告到校长那里，奥斯特洛夫斯基就被学校开除了。

这个真实的故事，就是小说《钢铁是怎样炼成的》开篇写下的情节。全书第一句话就是：“节前到我家里补考的，都站起来！”

小说中写到，保尔在问神父关于地球的问题之前，先听过高年级一个瘦瘦的教师讲地球和天体。保尔听那教师说地球已经存在好几百万年了，星星也跟地球相像，惊奇得张大了嘴巴……多年后，曾经在克里米亚天文台接待过南仁东的乌克兰天文学家舒尔加米华访问，还谈起南仁东当年曾详细地说过关于保尔的这些故事。南仁东说他第一次看到书里写的这些，就注意到了那时的乌克兰小学就有天文课。

我不知道南仁东读这部小说读过几遍。我知道自己当年读《钢铁是怎样炼成的》不止一遍。那是在“文革”停课那年，那一年我读了很多书，包括奥斯特洛夫斯基另一部没有写完的长篇小说《暴风雨所诞生的》。我至今珍藏着他的这部小说，小说开篇是这样写的：

> 轻轻的敲门声。路得维格把眼睛从书上移开，倾听着。柔和的、但是很坚决的敲门声又重新响起来……

此刻是深夜十二点多了……路得维格是一位女子，敲门的是一个老仆人。老仆人进卧室来忘了鞠躬，加上他那惊慌失措的样子，路得维格就明白了：是出了什么不平常的事。老仆人来报告，她的丈夫回来了。接下来就是路得维格试图控制自己失常的声音，但是没有成功……小说就这样开始了，你已经看到，描绘的情景似乎一切都在静悄悄中，但你仍然感到有个惊心动魄的故事已经在进行。

请谅解我在这部书中做这样的摘录和叙述。你如果知道我的青少年时期，我和不少同学对奥斯特洛夫斯基的作品有多么喜爱、多么崇敬，就能理解我为什么做这样的引述。南仁东也是带着同样的崇敬之心，犹如朝圣般来到产生了“保尔 · 柯察金”的土地。

在南仁东青年时期的校园里，无数的学生把书中的一段话抄写在自己的笔记本里。那段话出现在保尔身负重伤回到家乡小镇期间，那天保尔独自走到一个空旷的广场上，少年时候的朋友瓦莉亚和她的同志们，就是在这地方的绞架上被绞死的。保尔在原先竖绞架的地方默默地站了一会儿，随后就走下陡坡，来到埋葬烈士们的公墓那里。那段话，就是保尔在烈士墓前的一段内心独白。这段话，如今已几乎没有人抄录了。原文如下：

> 人最宝贵的是生命。生命每个人只有一次。人的一生应当这样度过：当回忆往事的时候，他不会因为虚度年华而悔恨，也不会因为碌碌无为而羞愧；在临死的时候，他能够说："我的整个生命和全部精力，都已经献给了世界上最壮丽的事业——为人类的解放而斗争。"

《钢铁是怎样炼成的》发表后的二十年间，在苏联就用四十三种民族语言出版印刷一百五十多次。在苏联卫国战争中，无数的苏军官兵把它带到战壕里，无数的红军战士感到保尔·柯察金跟他们在一起战斗。战后的苏联博物馆里，陈列着许多血染的《钢铁是怎样炼成的》。这部作品翻译到中国，人民文学出版社共印了五十七次。它无疑深入人心、深入灵魂地影响过南仁东那一代的许多中国青年，也影响过我这一代的许多青年。

但是，1985年，在我们的身边，已经没有多少人读《钢铁是怎样炼成的》了。有不少人书写质疑、抨击过去那个火红年代的文章，嘲讽理想，亵渎崇高，似乎引起不少青年读者的"共鸣"，还有不少人因此成为"名家"……南仁东感到吃惊！

他不是共产党员。在他的档案里，"政治面貌"那一栏里填写的一直是"群众"。这个"群众"热爱自己所接受的教育告诉他的理想、真理和正义。就其性格而言，他从青年时期开始就有某种愤世嫉俗的个性，他留起来的小胡子，差不多就是他"横眉冷对"的一种标志。这种愤世嫉俗，也是他坚持真理和正义的强烈体现。难道自己少年时代以来所钟情的，所热爱的错了？也许，我们需要把理想、信仰、爱好、意义、价值观、人生观……这些东西放到地上，重新辨认？

他是一个认真的人，他不含糊，不会随波逐流，更不会趋炎附势。重新辨认的结果，他仍然为保尔·柯察金感动，为雷锋感动。这种感动里最核心的东西是对一种人生价值观的认取，他不能认同对保尔这样的人生的嘲讽和否定……他不知道诞生了保尔的家乡，今天怎样，他想去看看。

他是带着那么亲切的崇敬的情感，来到黑海北岸的克里米亚，来到第聂伯河流域的乌克兰。

3 寻找青年时代的英雄情结

南仁东来了，不仅看克里米亚天文台。

基辅是他不能不去的地方。他去了。

第聂伯河右岸，矗立着基辅卫国战争纪念馆。那是一组雄伟的建筑艺术群，周围建有高浮雕群像。馆里陈列着几千件“二战”时期的展品，还有许多油画和雕塑。最令南仁东肃然起敬的是《祖国——母亲》雕像，它是纪念馆主体的组成部分，高达 62 米，已经成为基辅最知名的地标。母亲雕像的左右手分别举着盾和剑，象征着乌克兰人民保卫祖国的坚强意志。

第聂伯河右岸，还有为纪念基辅建城 1500 周年，于 1982 年刚建成不久的纪念碑。这个被称作纪念碑的雕塑是如此奇特，它是由三兄弟和他们的妹妹组成的一组雕塑。据说这兄妹四人是基辅城市的奠基者，城市以大哥的名字“基”命名，这就是“基辅”城市之名的来历。这一组雕塑中，兄弟三人手持弓箭和长矛，妹妹站在船头遥望远方。四人都站立在一条向前行驶中的船上，这意味着基辅城市的诞生是与第聂伯河密不可分的。

多年后，南仁东谈起第聂伯河岸纪念馆里的那些油画和雕塑，眼睛里似乎仍闪动着那些艺术作品的光芒。

基辅曾经是第一个俄罗斯民族国家基辅罗斯的都城，被誉为“俄罗斯众城之母”。18 世纪初，彼得大帝下令在涅瓦河口建新首都彼得堡，意在决心向西欧学习。基辅也成为发展工业的重要城市。由于乌克兰是苏联的西南边疆，苏德战争爆发之前，斯大林就把苏军最强的兵力和装备配置给了基辅军区。基辅军区也由此成为当时苏军最大的军区。

1941 年 6 月 22 日，德国三个集团军群的三百多万兵力分三个方向突袭苏联，苏德战争爆发。乌克兰是最先遭到打击的地方。德军侵入乌克兰要摧毁的最大目标就是基辅，它是苏联仅次于莫斯科和列宁格勒的第三大城市。

基辅战役极其惨烈，斯大林称它为基辅防御战，希特勒称它为战争史上最大规模的围歼战。战役中几乎整个苏联红军的西南方面军被德军包围，苏军损失超过 70 万人，基辅沦陷，乌克兰全境被德军占领。直到 1943 年苏联红军重新夺回基辅。在苏德战争中，乌克兰付出了巨大牺牲。保尔·柯察金的故事，小说《青年近卫军》的故事，大多发生在乌克兰。

南仁东还去看了基辅歌剧院和城郊的一个博物馆。不知道他有没有在那歌剧院里看过演出。他的学生们听他谈起过那个巨大的有近 300 座建筑的博物馆，那里的建筑物是从乌克兰各州搬运来，按原样建设起来的。

你可记得，南仁东考大学时填报的志愿是建筑系，把他录取到无线电系他起初还不乐意。他一生都保持着对建筑的兴趣，基辅城郊那个博物馆的巨大建筑群给他留下深刻印象。我依稀看到，南仁东对建筑的入迷和爱好，与他后来亲手设计了 500 米口径的世界最大的射电望远镜，是有内在联系的。

南仁东在大学时就知道，列宁曾评价托尔斯泰是“俄国革命的镜子”，高尔基则说“不认识托尔斯泰者，不可能认识俄罗斯”。在基辅，南仁东还知道了托尔斯泰名著《复活》取材于真实的人物事件，乌克兰也是这部小说中主人公故事的历史舞台。托尔斯泰本人青年时还参加过克里米亚战争。

“二战”后，苏联政府授予基辅“英雄城市”的称号和金星勋章、列宁勋章。基辅快速复原，并不断向第聂伯河左岸发展，成为苏联重要的工业中心之一。

南仁东来了，感受了，诸多从城市建设和艺术作品中获得的见闻，仍屡屡令他感动，给他的印象是：这片英雄的土地，总不会忘记他们父兄的光荣历史、英雄事迹吧！

他怎么也想不到——六年后，1991 年 12 月 25 日，伟大的苏联解体了，竟然亡党亡国！

但是，一个当时的中国博士生，在 1985 年已经开始了对自己理想和信仰的捍卫。人生还有一种叫“趣味”的东西，他喜欢什么，鄙视什么，都同他在新中国所接受的教育密不可分。那就是：如果他的精神和灵魂被否定了，他还有什么？

我为什么在这本写科学家的书里写下这些内容？

我用了一年多时间追寻南仁东，渐渐从他亲朋老友的回忆中，从朦胧到日益清晰地看见一个有着自己独立精神，毕生朝着自己认定的人生价值去作为的南仁东。我日益看见他的性格、爱好，以及这些性格和爱好中所凝练的意志，渐渐感觉能听见他灵魂的声音……1985 年，南仁东正在追觅、积累、探索的天体宇宙方面的学问，以及要用这些学问去从事的创造，就其个人来说，是投入超乎寻常的高智力，却没有钱赚的事业。不仅如此，国家能不能投入足够的经费来支持你做这个事业，你有没有足够的智力和能力来实现你想做的事业，都是问题。

苏联解体、东欧剧变后，到进入二十一世纪，似乎全世界都在为赚钱而奋斗。打开电视机，全世界的首脑都在谈经济，全世界都在说“经济全球化”。中国电视里，春节联欢晚会向全国人民祝福“恭喜发财”……似乎一切都像日月行空、江河行地那样自然，没有人说这有什么不对。南仁东主持的“中国天眼”正在非常的艰难中争取立项——争取一个怎样的项目——争取一项个人绝不会有钱赚，却需要竭尽全力地投入的“打开天眼”的项目。如果没有非凡的利他理想，没有非凡之志，你会去争取吗？会去做吗？

我再次看到，一个人心中坚忍不拔的志向，这种心志所凝聚的价值观，是比科技、比才华重要得多的东西。缺少这样的心志，即使聪明过人，也会一事无成。

我深信我多年来的这个观察是对的。实际上，先贤早有明示，苏东坡就说过：“古之立大事者，不惟有超世之才，亦必有坚忍不拔之志。”[1]王安石也说：“世之奇伟、瑰怪、非常之观，常在于险远……非有志者不能至也。”[2]这两位中国古代思想家都强调了志的至关重要性。南仁东就是这样的人，他的坚忍不拔之志，比他的科技才华重要，这不可不察，不可不语。

南仁东有之，则会不断积蓄起惊人的才智。

前人智慧、世上先进的科技，都会对他特别有意义。

克里米亚天文台的历史，可追溯到克里米亚西门子天文台，它坐落在克里米亚南部的可西卡山。

它最早是由业余天文学家私人创立的天文台——世上古今称得上“创

〔1〕见苏东坡《晁错论》。
〔2〕见王安石《游褒禅山记》。

造”的事物，多源于个人深刻的兴趣爱好。

1915 年 9 月 13 日，俄国天文学家格里高利·诺伊明就在克里米亚西门子天文台发现了小行星 877。1916 年 4 月 3 日，俄罗斯的另一位天文学家谢尔盖·别利亚夫斯基，也在这个天文台发现了小行星 855。1917 年 8 月 15 日，格里高利·诺伊明再次在这个天文台发现小行星 882。后来，西门子天文台成为克里米亚天文台的一部分。

南仁东到克里米亚天文台，接待他的还有苏联著名的天文学家尼古拉·切尔尼赫。切尔尼赫主要研究天文测量学和太阳系中小天体的轨道动力学，他曾发现了两颗周期彗星，还发现了一批小行星。克里米亚天文台的设施除了自己使用，也提供给国际组织使用，项目包括超长基线干涉仪、多波段监测活跃星系核、毫米波的分子谱线观测，以及太阳和恒星活动的研究。这些都是南仁东当时特别需要的。

前文已说到 1985 年邀请南仁东的那位天文学家叫舒尔加，如今他在乌克兰国家科学家射电天文学研究所工作，是乌克兰国家科学院院士。2017 年 11 月，他来华访问，南仁东已经去世了。曾担任南仁东“首席科学家助理”的张承民接待了舒尔加。

“南仁东先生去乌克兰寻找革命理想之梦。”舒尔加说。

舒尔加谈起与南仁东的友好交往，往事仿佛历历在目，他对南仁东当年屡屡说起保尔·柯察金，印象非常深刻。

张承民曾经与南仁东一起为“中国天眼”立项奔走，在这前前后后与南仁东国内国外地奔波，听南仁东讲过去苏联、去荷兰、去意大利的许多经历，他这样告诉我：

“南仁东去乌克兰克里米亚，是去体验‘钢铁是怎样炼成的’。奥斯特洛夫斯基出生在乌克兰，保尔·柯察金的故事大多发生在那里。那里有南

奥斯特洛夫斯基（1904—1936）

这是《钢铁是怎样炼成的》作者奥斯特洛夫斯基的形象，雕刻在他的墓碑上。地点在莫斯科新圣女公墓。2005 年我去拜谒他，看到墓碑的下面还雕刻着伴随了他大半生的军帽和马刀。我拍下了这张照片。《钢铁是怎样炼成的》深刻地影响了学生时代的南仁东。1985 年他去乌克兰寻访保尔·柯察金生活过的地方，那里有他青年时代的英雄情结，有一个远去的时代对他的召唤。

仁东青年时代的英雄情结，是他精神与灵魂的源泉；有一个远去的时代对他的召唤。”

这是某天我与张承民长谈到深夜之后，张承民回家用手机发给我的一段话。我读着这段话，心想张承民为什么使用了“英雄情结”之说，何谓“情结”？可以解释为：是一种深藏心底的不能舍弃的感情。

我看到了，张承民对南仁东不是一般的了解。他本人也是科学家，是南仁东所主持的“中国天眼”的学术秘书，他所知所言的却不只是学术。他对南仁东的了解，有他自己的思想基础。

1985 年南仁东的乌克兰之行，是他人生四十的重要经历。张承民说他是去体验“钢铁是怎样炼成的”。我想他是去寻找一座熔炉。然而以后的岁月中，他将不断发现，真正的熔炉不在别处，就在他自己的理想、情感、信仰和坚忍不拔的意志中。

4 到荷兰去

“没有钱，你怎么去呢？”多年后，张承民这样问过。

“我给人画像。”南仁东说。

这说的是南仁东去荷兰的一段经历。在南仁东的履历表上，写着他 1985 年 12 月去荷兰德文格洛射电天文台（Dwingeloo Radio observatory）当访问学者。南仁东事迹展里，也说南仁东首次去荷兰，是坐火车横穿西伯利亚，经苏联、东欧等国去的。当时带的钱不多，还没到荷兰，在中间一个地方钱就不够了，他用最后剩的一点钱到当地商店买了纸笔，在路边给人家画素描人像，挣了一笔钱，这才买票去了荷兰。这似乎是一件出乎意料又颇具南仁东性格的事。我问张承民，你知道真有这事吗？

“真有这事。”

“怎么回事呢？”

“他在克里米亚又一次接到了荷兰射电天文研究所（ASTRON）发来的邀请。他身上已经没有足够的费用，还是决定就这样去了，他当时是自费去的。”

“就靠给人画像吗？”

“当时还有个情况，他还没领到荷兰的签证。”

“是吗？”

“那时签证审批要不少时间，他去荷兰的签证还没批下来。如果再横穿西伯利亚回国等签证，要花费更多钱，而且耽误时间。他说最等不起的是时间。他已经在乌克兰，从那里去荷兰，近多了。他就这样走了，继续坐火车去。”

多年前在国内“大串联”那种感觉，仿佛再次来到他的脚下。从乌克兰出发，穿过波兰、德国，就是荷兰，也可以取道捷克斯洛伐克，再穿过德国到荷兰……可是，他没有签证，还得靠画像挣路费，这一路去，行吗？

荷兰，也是南仁东很想去考察的地方。

不仅因为邀请他的是一个国际著名的射电天文研究所。

苏联，那时是社会主义国家。荷兰则是高度发达的资本主义国家。而且，历史上，1581 年成立的荷兰共和国（尼德兰联省共和国），曾经是世界上第一个资本主义国家，范围相当于今天的荷兰、比利时、卢森堡和法国东北部的一部分。

十七世纪，荷兰发展为航海和贸易强国，是海上霸主。悬挂着荷兰三色旗的商船游弋在世界各大洋，荷兰拥有的商船超过欧洲其他国家商船的总和，被称为“海上马车夫”。十七世纪末，俄国沙皇彼得率一个庞大的使团去西欧考察，首先就是去荷兰的萨尔丹、阿姆斯特丹学习造船和航海技术。彼得本人化名，作为一个普通人员随团出行，目的是要亲自去学习、去体验那些使西欧强大的新技术，而且希望看到一个沙皇看不到的东西。

“南仁东很喜欢凡 · 高的画。”张承民说。

他这一说，我记起凡 · 高是荷兰画家。交谈中，张承民还告诉我，南仁东最喜欢凡 · 高的《星空》。起初我想，这或许与南仁东研究星空有关？但恐怕不能这样“机械”地认为，凡 · 高最著名的画正是《星空》。

欧洲城市的广场上、路边，常常能看到有人给人画肖像，收费。南仁东看到了，马上就选择用这种方式“挣旅费”，可能还因为他对绘画的喜爱在召唤他。凡 · 高也喜欢肖像画，据有关介绍，他一生中画过 35 幅自画像。

“你一幅肖像画能卖多少钱？”张承民这样问过南仁东。他说南仁东告诉他，大约二三十美元。还说，不少人围着看，不少人请他画，可是他没那么多时间，够旅费，他就走了。

“但是，到荷兰后，他还是因为没有签证，被扣留了。”

“真的吗？”我问。

“他跟我说过被扣留这事。”

“后来呢？”

后来当然是他口袋里的中国护照和荷兰射电天文研究所的邀请函帮了他的忙。张承民说，邀请他的荷兰天文学家叫理查德 · 斯基利齐（Richard Schilizzi），后来南仁东在理查德他们的帮助下补办了签证。

那以后，南仁东与荷兰天文学家建立了很好的友谊，有深度交流。南仁东在荷兰当了一年半访问学者。再后来，荷兰天文学家在国际上和在中国都对“中国天眼”有很多支持，并参加相关工作。多年后，理查德在贵州看到“中国天眼”，这样说：“我能想到的第一个词就是‘震惊’。”

“他还常常提到荷兰房东的热情和幽默。”张承民说，“但南仁东说得最多的还是对凡·高和凡·高作品的喜爱。”

凡·高美术馆在阿姆斯特丹，建于1973年，南仁东去参观时，它才建起来十多年。如今已没有人知道，南仁东究竟去凡·高美术馆看过几次。张承民说：“他给我看过一幅他临摹的凡·高的画《星空下的咖啡馆》。画面上方是蓝色的星空，下面是小街和咖啡馆，还有行人和顾客。”

“他也喜欢凡·高。”我多次听张承民这样说，渐至感到这似乎是不能忽略的一句话。只是，保尔与凡·高，是如何统一在南仁东的精神世界里的呢？

凡·高和凡·高的作品，在很多人眼里都像一个谜。凡·高美术馆里收藏着凡·高黄金时期最珍贵的画作两百多幅，还有更多的素描。凡·高一生中一共画过两千多幅画，只卖出一幅油画，那幅画的名字叫《阿尔的红色葡萄园》。可以肯定，凡·高直到去世，也没看见他的画跟名利有什么关系。那么，是什么支撑着凡·高画那些作品呢？

凡·高一生穷困潦倒，没有接受过多少正规的绘画训练，1880年，他二十七岁开始临摹米勒的作品。米勒出生在法国的一个农民家庭，为谋生也曾画过低俗裸女。据说他听到有人议论“这就是那个除了画下流裸体，别的什么都不会画的米勒”，从此下决心不再迎合任何人，只画自己愿意画的作品。米勒画了几十年农民，名作有《播种者》《拾穗者》《牧羊女》《扶锄的男子》等。罗曼·罗兰在他写的《米勒传》中说：“米勒，这位将全部精神灌注于永恒意义的画家，胜过刹那的古典大师。从来没有一位画家像他这般，将万物所归的大地给予如此雄壮而又伟大的感觉与表现。”

凡·高临摹米勒，所吸收的不只是米勒的艺术，一定还受其精神的感染，日后凡·高也一直在画农村和农民。我想，凡·高没受过多少绘画专业训练，也就避免了受到学院派艺术的束缚。南仁东更没有受过美术专业训练。然而，凡·高、南仁东都忠实于自己内心对世界的感受和体会，这是他们的相似之处，也是对创造有益的。

在凡·高的履历中，他在1882年曾经跟表妹夫安东尼·莫夫学过油画。1885年10月到比利时西北部的安特卫普，约在这年12月或1886年1月起在安特卫普美术学院学画，2月底去巴黎。这就是凡·高一生中接受过的两到三个月的“正规美术训练”。此时，距凡·高对自己开了一枪，结束生命，不满五年。距南仁东去参观凡·高美术馆，正好一百年。

南仁东在荷兰期间，也曾去踏访了凡·高的家乡。

荷兰北布拉班特省的这个小镇——津德尔特，如今是旅游胜地。被称作“凡·高之家”的凡·高故居，一楼有一半已经改为餐厅。出凡·高故居大约二十米就是凡·高广场，广场上有凡·高兄弟二人并肩而立的雕塑。兄弟二人的头靠在一起，弟弟的头倾靠着哥哥的头。哥哥连面目都模糊难辨，弟弟也只是略现五官。二人身体外侧的那只手，伸到彼此的胸前交握在一起，如同组成共有的一颗心。如果了解凡·高兄弟的感情，再看这尊雕塑，就会感动不已。

凡·高的弟弟提奥，是凡·高一生唯一的知己。凡·高给他弟弟写过六百多封信，将自己的所思所想，苦恼、忧郁和思念，以及对艺术的理解都告诉弟弟。我想，人生不能都没有得到过赞扬吧？凡·高从小到十一岁都被母亲关在家里，这造成了他不爱说话、不与人交流的孤僻性格。此后他又被父母送进寄宿学校，这让他更加不知所措。此后不管他做什么，似乎一生都生活在“无人喝彩”中，只有他的弟弟一生都崇拜哥哥。我差不多以为，凡·高的绘画，就是在弟弟的崇拜中不断地表现出来的奇迹。凡·高去世后仅六个月，他的弟弟提奥也在悲痛中死去，年仅三十三岁，与终年三十七岁的哥哥凡·高一同葬在奥维尔墓园。

这时，世界不知道有凡·高。

凡·高兄弟都去世后，如果没有凡·高弟弟的妻子乔安娜坚持不懈的努力，世界不会知道荷兰有个凡·高。

那时，乔安娜对凡·高也知之不多，不期而至的是突然就面对凡·高和提奥留给她的堆积如山的油画和素描，还有凡·高写给提奥的六百多封信。当她读了凡·高那些信，一封一封地读进去，她被深深地触动了。她开始致力于向外界介绍凡·高和凡·高的作品，以此为自己毕生的使命。

她以顽强的、勤奋的工作，整理了凡·高全部的画作和书信。她使世界一步一步地了解凡·高。1914 年，阿姆斯特丹出版了三卷本凡·高书信集，德语版同时出版发行。至此，凡·高才真正被世界所认识。1927 年，乔安娜去世。

她的儿子文森特继续做这个向世界推介凡·高的工作。凡·高美术馆在文森特多年的奔走、操劳下终于建成，虽然这是由阿姆斯特丹市政府提供土地，荷兰国家提供建设经费。1973 年，“凡·高美术馆”正式开放，荷兰女王朱丽安娜亲临剪彩——这一年，已经八十三岁的文森特目睹了这一盛况。

我想，要认识凡·高的绘画，需要结合凡·高的生平才会获得一个整体的印象。凡·高的书信，那是一个痛苦的灵魂，一生都在渴求被理解、被爱护的倾诉……这样的孤寂的心灵，表现在绘画作品中，充满了天然的悲悯和苦难意识。凡·高的作品画的都是受苦的人，穷人，特别表现出对农民、对田野生活、对乡村风光异乎寻常的热情，他喜爱农民的一切！

他用强烈的色彩去表现这一切。他画月夜的星空，还在许多作品里画了金黄色的太阳，太阳下的劳动者和生长的万物。所画的这些，凡·高在生前是完全没有名利的……我相信，所有这些，都对南仁东心中选择的未来，有启发，有激励。

5 把美术立起来

在全球最小的国家梵蒂冈，坐落着世界上最大的教堂——圣彼得大教堂。在荷兰做访问学者期间，南仁东还去了意大利的罗马，梵蒂冈就在罗马城内。

那是他不能不去看的地方。最主要的目标，是去看梵蒂冈博物馆的绘画和圣彼得大教堂的建筑。米开朗琪罗最著名的两幅巨作，《创世记》和《最后的审判》，就画在梵蒂冈西斯廷教堂的穹顶和祭坛的壁面上。我曾经两次去梵蒂冈，进西斯廷教堂瞻仰过这两幅壁画，因此也略能遥想南仁东看到这两幅巨作的情形。

我初次去意大利是 1992 年冬，应邀参加意大利蒙德罗国际文学奖颁奖仪式，地点在西西里岛的巴勒莫市。在那里，邀请方安排我们参观了蒙雷阿莱大教堂。据介绍，它建于公元十二世纪。记得当时带我们参观的介绍者说，这座教堂特别值得关注的，不仅是融合了法国、阿拉伯和拜占庭三种不同的风格，更在于它是文艺复兴之前的教堂，“这在欧洲别处都看不到了”。

介绍者让我们留意看的，我至今还记得两点：一是中殿上端巨大的耶稣基督头像，不论你站在教堂的哪个位置，耶稣的眼睛都是看着你的；二是教堂里的绘画都取材于基督教《圣经》里的内容，所画人物大都是把衣服穿得很紧的，很多人还包着头巾，露出的脸没有笑容，因为笑被认为会引起邪恶。雕塑的人物，也都是依附在教堂的柱子上的。

我不能分辨我听到的介绍是否都准确。想到米开朗琪罗雕塑的大卫——

也是基督教《圣经》里的人物，而且是以色列国王，是民族英雄——米开朗琪罗竟然把大卫的衣服脱光了，而且把大卫放在广场上，这就不是依附于教堂，是独立存在，是顶天立地的男子汉！这样的雕塑作品，展现的就不是裸露的身体，而是坦荡的思想解放的冲击力了。所以文艺复兴时期的欧洲女子会在大卫的塑像前泪花滚滚。米开朗琪罗的艺术造诣与达·芬奇在美术和科学方面的造诣不同，米开朗琪罗的雕塑和壁画创作成为西方美术史上难以逾越的高峰。

多年前，我在了解了达·芬奇与米开朗琪罗都是美术家和建筑师的时候，忽然感到，他们都是不能满足于只把美术局限于纸上的人。他们渴望把美术应用到人们居住的环境里，应用到人们的日常生活中去。我由此想，中国诸多画家毕生都只是把绘画才华发挥在纸上，是不是不够呢？

欧洲的雕塑艺术应用于城市建设，给西方文明带来的影响是不可估量的。米开朗琪罗承前启后，是文艺复兴时期雕塑艺术的里程碑。然而米开朗琪罗一生最看重的是参与设计圣彼得大教堂，并主持过这项工程建设。他在生命的最后二十年，甚至专心搞建筑。他最看重的作品是他设计的圣彼得大教堂顶部的圆穹，即中国古代所称的“穹庐”，“天之形也”。

这个犹如高悬在天庭上的圆穹直径 42 米，顶高 138 米，双重构造，外暗内明，强调黑暗与光明的对比。我感觉，这里隐喻着，不论外部世界存在多少黑暗，内心都须有光明。一束阳光从圆穹照进殿堂，让人一望而觉那圆穹与天空是相通的，给人无限想象。圆穹下的大教堂能容纳六万多人。

南仁东来了，对这座世界最大的教堂，内内外外仰望着反复地看。在一个酷爱美术和建筑的学者眼里，这座教堂，最值得看的就是两位大家超凡脱俗的创造性杰作。这两位大家，一个是已经讲到的米开朗琪罗，另一位就是贝里尼。

贝里尼在二十岁时完成的《普鲁托和帕尔塞福涅》雕像，就赢得了整个罗马的赞叹，赞叹他在冰冷的大理石上雕出那么细腻圆润而富有温度的肌肤，还说大理石在他手里好像失去了重量，人物的衣服总是随风轻轻飘起……然而贝里尼最伟大的作品，却是圣彼得大教堂前巨大的广场和环绕广场的两道半圆形长廊。每道长廊由两排284根高大的圆石柱和88根方石柱组成，支撑着长廊的顶，顶上有40位圣人雕像。广场中间耸立着一座41米高的埃及方尖碑，方尖碑两旁各有一座精美的喷泉。贝里尼将巨大的柱廊设计成宛如母亲伸出的两臂，环抱着整个能容纳50万人的广场。这个巨大的广场和精美的柱廊，因此能够与米开朗琪罗设计的大教堂穹顶相映照，从而使圣彼得大教堂建筑群成为整个罗马城最恢宏壮丽的景观。

多年后，南仁东要设计“中国天眼”时，曾专门去看过北京一批大型建筑。他的同事们说：

“我们开车拉着他绕北京转，去看各种大型建筑。”

“什么鸟巢啊，水立方，新建的中央电视台，都看了。”

“还有那个大圆顶的国家大剧院，也看了。”

“那时候有报道说，这些西方建筑大师设计的，很新颖，很现代，大气魄，但他反复看了，都看不上。”

那时，他反复想起的已不只是圣彼得大教堂……我在南仁东留下的非常有限、极其珍贵的影像资料中，看到听到南仁东本人讲到“中国天眼”这一“人造的工程”的一段话，其中讲天眼使用的是天眼的学名FAST，我想完全按他声音的原貌引用，也为了此后叙述的方便，有必要在此写出“中国天眼”的学名全称是：Five-hundred-meter Aperture Spherical radio Telescope，简称“FAST”。南仁东用沙哑的声音缓慢地说道：

FAST，实际上是一个非常大的现代工业和科学技术的景观，一个产物。人造的工程，在地球表面，有若干，都已经成为了我们人类文明的风景，比如长城，比如金字塔……我们希望，FAST在青山绿水中，能成为一道美丽的、科学的风景。

在这里，南仁东对FAST，是作为建造在地球表面的人造工程来表述的。想象一下，在青山绿水之间，骤然展现的这个巨型建筑，那巨大的晶莹透亮的反射面，有三十个足球场那么大，有八个鸟巢奥运体育馆那么大！还有高悬在天空中的，犹如天眼眼球般的馈源舱，它在阳光下和月光下，都亮闪闪的。还有周围六座百米以上的高塔……由于在周边地形不一的山上要建立完全等距离的高塔很不容易，人们曾建议南仁东“六个高塔不必等距离”，但是南仁东绝对不同意。为什么？“不美观！”……南仁东不仅按照当今人类所能达到的此项科技的极致去创造，也按照他心中所能达到的美的极致去创造。今天出现在中国西南万山之中的“中国天眼”FAST，不仅仅是当今世界最前沿的射电天文学的成就，而且本身也是伟大的建筑。

南仁东一生都喜爱美术，并有心让美术与建筑结合起来。他考大学时填报的志愿就是建筑系，那里有他从少小到青年时期的理想。他一生中画过不少美术作品，在工厂时期就画过不少工人，还有工人生活的场景。那些素描、速写、油画，描绘的都是普通人真实的生活，犹如米勒与凡·高画农民和乡村，因真实、自然、质朴而有意义。只是南仁东的绘画几乎都是画了送人，如今也没有人去收集。他去荷兰途中，去意大利，都曾经给人画过肖像画，还画过其他作品，如今都不知散落何方。肖像画，在人类的绘画历史上也是有悠久传统的。达·芬奇的《蒙娜丽莎》就是肖像画。南仁东在日本国立天文台任客座教授期间画的一幅油画《富士山》，据说至今仍悬挂在那儿的大厅里。

米开朗琪罗的建筑艺术，被遮掩在他的雕塑和绘画中。达·芬奇的科学、哲学成就，也被遮掩在他的绘画造诣中。南仁东的绘画造诣、建筑艺术，则被遮掩在他的天文学成就中。

我去天眼基地采访时，基地接待我的副主任钱惠告诉我，有一位外国女天文学家来访，看到绿水青山之中，藏着这样一台巨大的射电望远镜，四周六个等距离的大铁塔，牵着高悬的馈源舱，一切有如幻想的天宫的奇境……这位女士说：

“太美了！这是一位画家设计的吗？”

“是的。他是位画家。”

“画家？”女士回问。

这位女士就是贝尔，她其实知道这是南仁东设计的，她那么惊讶地说“这是一位画家设计的吗”，是对设计得如此之美表示由衷的赞叹！

贝尔是2017年8月来到FAST现场的。贝尔来访，南仁东是邀请人之一，中国科学院院长白春礼是官方邀请人。贝尔带领英国皇家爱丁堡学会五人代表团来华。可是，南仁东未能等到贝尔，他当时正在美国波士顿昏迷不醒，生命处于弥留之际。贝尔的无限赞叹中有无限哀伤，她还说：“南为什么不去英国治疗呢？”

南仁东不仅是天文学家，也是画家、诗人和建筑师，这才是比较完整的南仁东。“中国天眼”，是南仁东把美术立起来，将美术、建筑和当代世界最前沿的射电天文学融为一体的大作品。

6 多国倡议，1993 年

1987 年 5 月，南仁东结束了在荷兰的访问学习，返回祖国。

他回到中国科学院北京天文台工作，任副研究员。

在中国科学院科学传播局主办的南仁东事迹展里，有一段介绍南仁东到多国天文机构进行客座研究的文字：

> 他先后在荷兰、日本、美国、英国及意大利等多家天文机构进行客座研究，回国后曾任原北京天文台副台长、北京天文学会理事长等职务。

1993 年到来。南仁东是这年 12 月担任北京天文学会理事长的，但这不是他本年度最重要的事。

这年 9 月，国际无线电科学联盟（URSI）第二十四届大会在日本东京召开。多国天文学家共同提出：要抓紧建设一个新一代功能强大的“大射电望远镜”。

为什么要抓紧建设？

因为地球上无线电的大量使用，越来越多的电波干扰了接收外太空信号，再这么下去，人类会被封锁在自己发出的无线电波之内，无法对浩瀚宇宙做更深入的探索研究了。因而需要选择能够避免电波干扰的合适地区，抓紧建设新一代功能超强的大射电望远镜。

那是怎样的大射电望远镜呢？

在第一章里已有简述，天文学家构想的是：建造总接收面积为一平方公里的射电阵，即由多架望远镜组成的阵列，初名 Large Telescope，意为大射电望远镜，缩写为“LT”；1999 年更名为 Square Kilometre Array，强调平方公里阵列的概念，缩写为“SKA”。

在 1993 年的国际会议上，还做出了成立国际大射电望远镜工作组（LTWG）的决议，以推动和促进跨世纪大射电望远镜的研究和准备工作。这个工作组由十国代表组成。这十国是：美国、英国、加拿大、澳大利亚、中国、法国、德国、印度、荷兰和俄罗斯。

北京天文台的研究员吴盛殷是参加这次大会的中国代表之一。我看到不少报道说，1993 年的南仁东，一把推开吴盛殷的门，说了句：“我们也建一个。”这个推门就进的动作，反映了南仁东的迫切心情，可以认为是准确的，但说“我们也建一个”，则不会出自“南仁东说”。因为这是一项需要广泛国际合作的科学计划，不是哪个国家建一个的概念。在当时，也没有人会认为哪个国家可以独立建成。

为什么需要多国科学家联手？

因为难，非常难！

南仁东当然也知道这件事非常难。他与吴盛殷详细探讨过这件非常之事。这件事也是东京大会上众多天文学家反复探讨过的大事。

这次大会还专门组织了题为“第三个千年的射电望远镜”学术报告和讨论会，探讨二十一世纪射电望远镜的发展。成立大射电望远镜工作组，是为了组织国际射电天文学界探讨这一巨大工程的科学目标，预测其科学产出，确认总体功能指标，提出不同的技术路线，比较它们的可行性及造价，并协调实现既定目标中的国际合作。同时决定工作组每年举行两次工作会议，会议向全世界天文学家开放……南仁东不仅熟知详情，也深知这个项目对人类的意义以及对中国的意义，为此他郑重地向中国科学院递交报告，在报告中提出：“我们要抓住这个机会，积极参与。”

为什么这是个机会，要怎样积极参与？

如今我们可以这样说，以这次国际会议提出的多国联手研制大射电望远镜为节点，南仁东本人也就在这个节点上被启动了。

现在回望一下南仁东自1985年到1993年这八年的路。从去苏联访问到去荷兰，又到多国天文机构做客座研究。如此有意识地去向多国同行学习，是有他的理想的。多年后，一些外国友人回忆他，还说他用“南仁东英语”与同行讨论学术问题，争得面红耳赤。学习就是继承，没有继承是不可能有创新的。走出去，博采众长，南仁东走到要有大创建的前夜了。

第五章

莽莽万山深处

万山深处选址，南仁东真正接触到农民。连片的茅草房，阳光照着挂满土墙的成串成串的红辣椒和金黄的玉米棒子，他很想画一幅画，可是没有时间。“再穷也会杀鸡给你吃！”那样的农民，是南仁东遇见的一个震撼他心魄的世界。不论去哪里，总有县乡村的干部和农民带路。无路的地方，要用柴刀在丛林中劈出一条路。人生五十，南仁东想起学生时代唱过的歌《我们走在大路上》：“披荆斩棘奔向前方……”

1 因落后而奋起

国际天文学家们提出的，正是南仁东思考多年的目标。

可是怎么去实现？即使你敢想敢设计，同行会不会说南仁东疯了？而且，国家会批准吗？

美国 305 米口径的阿雷西博射电望远镜，1963 年就存在了。现在是 1993 年，我国最大的射电望远镜还只有 25 米口径，刚刚在新疆乌鲁木齐南山建成。差距是多么巨大。

“我们的落后是明摆着的。”南仁东想的是，正因为落后，才应该奋起。因而才去筹谋。可是，深知其难。现在多国天文学家提出来了，南仁东立刻就说：“这是一个必须抓住的机会。”

要怎样积极参与？南仁东讲出两条：一是大射电望远镜的台址必须选在中国，二是中国不出资或者少出资。

他说：“这应该是我们参与的前提条件。”他还认为，“争取这两条实现，前景乐观。我们必须不失时机地去争取”。

至此，叙述中的故事出现了新情况——建超级大射电望远镜是多国天文学家提出的国际合作计划。现在，南仁东想争取把这个大射电望远镜建在中国，并争取中国不出资或少出资。这就是南仁东所说“积极参与”的含义。可是，其他国家的人会同意吗？这会不会是南仁东的一厢情愿？

南仁东说的积极争取，首先就要自己着手“做工作”。他立刻着手联络一批天文学家，以中国科学院北京天文台为依托，主动开展国际大射电望远镜计划的中国推进工作。

这些工作包括联络多家科研和生产部门，对可能建设大射电望远镜的地区进行初步摸底……这年的除夕是大年二十九，已是1994年2月，南仁东还在办公室里加紧收集和研究资料，包括与多国同行通邮件。这是鸡年的最后一天，南仁东属鸡，他四十八岁。黄昏时候，鞭炮声还是惊动了他，该回家了。

南仁东家住北京天文台对面，十五分钟步行距离。他不会开车。在北京天文台任副台长期间，除了公务、野外工作，平时极少用车。他在办公室加班是常事，也从不用车。走出办公楼，人行道上的寒气穿透他的鞋底，给他的感觉是清凉。

春天，冰消雪融，天文台院子里的树上冒出新绿的时候，南仁东拿出了一篇包含着国际国内丰富内容的《大射电望远镜（LT）国际合作计划建议书》（以下简称“《建议书》”）。

这是一份历史性的文档。全文一万七千三百多字，署名的建议人有十二位，分属于我国三地天文台，还有三位顾问。

建议人是：北京天文台的南仁东、吴盛殷、马弭、颜毅华、余庆、蔡正东、彭勃，紫金山天文台的韩溥、徐之材，上海天文台的蒋栋荣、梁世光、张秀忠。

三位顾问：李启斌、王绶琯、叶叔华。李启斌时任北京天文台台长、中国天文学会理事长、英国皇家天文学会会员。王绶琯和叶叔华都是中国科学院院士。

从这份《建议书》里可以看出南仁东已经是在全力以赴地争取。从上述阵容，也可见有共识的不止南仁东一人。

曾任中国科学院国家天文台台长的严俊，是中国科学院探月工程总体部首席科学家、月球应用科学首席科学家，他在 2017 年“中国天眼”竣工时曾这样说：“二十三年前，中国一批怀有大射电望远镜梦想的天文学家们，就开始构想把‘大射电望远镜’建在中国。一年之后的 1994 年，宣布成立大射电望远镜中国推进委员会——这是当时，乃至现在都很少有人知道的一个执着的团队。”[1]

上述《建议书》中的建议人和顾问，就是这批怀有大射电望远镜梦想的天文学家的一部分。

前面讲过，多国天文学家提出要建大射电望远镜，是为了人类不被自己发出的无线电波所包围……中国天文学家是怎么想的呢？这份《建议书》开篇第一段话是这样写的：

> 射电天文学在诞生至今的六十年中，已成为几乎所有天文重大发现的发祥地，天文诺贝尔奖的摇篮。世纪之交，一批有更高灵敏度、分辨率、更完整波段的大型射电望远镜将相继投入运行，显示出这一新兴学科的强大生命力与蓬勃发展的前景。

开篇讲这一新兴学科在当前的发展和前景，也就是讲出我们为什么要积极参与的原因。所谓“积极参与”，在这份建议书里也明确写着南仁东

〔1〕见《中国国家天文》2016 年第 10 期：严俊《FAST 跨世纪的奇迹》。

讲过的那两条：必须争取把大射电望远镜建在中国和中国不出资或少出资。南仁东和建议者们为什么会这么想？为什么都很在意建在中国？

2 一份“烟熏的”建议书

我在追踪寻访了许久后，渐渐感到接近了南仁东们所追求所奋斗的事业的核心，并能看到这项“太空事业”辐射到人类社会方方面面的光芒了……我想，或可这样表述：

二十世纪，由于射电天文学的萌生，人类打开了过去几千年看不见的宇宙。这是一个新的天文学时代的到来。人类在宇宙中的位置、人类的未来，都以新的展望，强烈地呼唤着新科技的发明，以更好地扩展人类的视野……如此，将会产生什么？

从古至今，为探索宇宙奥秘而产生的新科技，都不仅仅是用于探测我们头顶上的天空，它会像祖先当初发明的一切科学技术那样，作用于人类的日常生活。最显而易见的如太阳历、太阴历，如二十四节气，如用以“打开大海之门”的罗盘，如光学望远镜、无线电，等等。现在，一个新的天文学时代已经来到我们面前，我们却再一次地落后了。

二十世纪进入最后十年，在印度，天文学家就提出了“国际射电天文望远镜”的概念。英国继多单元无线电连接干涉网改造之后，提出了“氢阵”的建议。美国也将在“把几个小望远镜联合起来，达到一架大望远镜的观测效果”或者“建造巨大射电望远镜”之间做出选择。荷兰天文学界经过几年讨论和学术论证，已确定把新一代射电望远镜列为1997年后最优先考虑的项目。在澳大利亚，在加拿大，在俄罗斯、日本等国，射电天文学家也在考虑和讨论下一代射电望远镜的各种设想。我们还不能忘记，就在二十世纪，美国305米口径的阿雷西博射电望远镜被评为人类二十世纪十大工程之首，其重要性被认为大于阿波罗登月。我们还需记住，天文的意义始终不只在天空。所有决定我们这一时代天文发展方向，乃至科技发展方向的各种力量已经在活动。

我们的邻居印度，不只是提出某个概念而已，而是早就付诸行动。论财力、论技术，印度比不上发达国家，也不比中国强吧。就在1994年，印度在赤道附近建成了巨米波射电望远镜。它由30台45米口径的旋转抛物面天线组成，其中14台集中在中心区一平方公里范围内，另16台天线在更大范围呈“Y”字形排列，沿三条臂长方向分布，每臂长25公里。它的建成，不只是表明印度已经有了射电望远镜而已，它还是当今世界上米波段灵敏度最高的综合孔径射电望远镜。

此前，美国于1980年建成的由27台25米口径天线组成的美国甚大阵是综合孔径系统的杰出代表，一直活跃在射电天文研究的前沿。现在印度的巨米波射电望远镜问世，灵敏度超过了美国的甚大天线阵，成为世界之最。

不管我们有多少雄心壮志，1993年，我国最大的射电望远镜口径只有25米。此后，到二十世纪结束的时候，我国的射电望远镜口径还是只有25米。

如果再看美国、英国、德国、荷兰、日本、澳大利亚建起的射电望远镜，我们的落后不是一点点，而是落后得太远。

但是，如果能争取到多国天文学家提出的超级大射电望远镜建在中国，那将是什么情形！

就在这份《建议书》里，可读到这样明确的表述：

> 参与这一计划的利益是多方面的，它将极大地提高我国天文学乃至基础科学研究总体的显示度，同时将会提供更多机会去接触、学习与消化国外最新的无线电、天线制作、通讯、计算机、材料与工艺等先进技术。

但是，凭什么认为有把握争取到这个国际合作的大射电望远镜建到中国来呢？《建议书》里分析了“机遇和对策”，指出：“我们辽阔的国土、可供选择的各种地形地貌、相对廉价的劳动力构成了参加这一国际合作的优势。我们应当全力参与 LTWG 的工作，在其中做出尽可能大的贡献，并最终争取把这个多国合作投资的大射电望远镜建在中国。”

《建议书》特别指出，我们要用充分的努力做好在国内的选址工作。同时详述了候选目标应该是那些比较偏远，并有相对安静环境的地区，比如“它们应有平坦的或者石灰岩溶多谷形地貌”。《建议书》还报告：“在总参四部、遥感所、紫台青海站、亚卫通公司、乌鲁木齐天文站、北京大学等单位协助下，一批候选区域经过比较与筛选已基本确定。”

这些候选的区域有：

川西高原、柴达木盆地、准噶尔盆地、内蒙古草原、鄂尔多斯西部高原、青海湖南部地区、浔江冲积平原、大丰—东台沿海平原、河南南阳地区、湖南湘北地区、广西百色地区、广西河池北部区域、柳州—南宁间的盆地与丘陵区域、云南宣威—沾益区域、云南师宗县北部区域等等。

有人说，这份《建议书》是“烟熏出来的”。

可以说，《建议书》中的每个字，都是南仁东呕心沥血地推敲过的，但没人知道，南仁东在字斟句酌的过程中抽了多少烟。能够肯定的是，在一个新的天文学时代到来的时候，我国在天文领域的落后以及渴望改变落后的强烈愿望，像暴风骤雨，像惊涛拍岸那样，激荡过他的胸怀。这件事在他的心中有多大？或者说，究竟有多少人能理解这件事有多大？

据有关信息，澳大利亚、印度、巴西、阿根廷、南非等国也在积极筹措，力争把大射电望远镜建在他们的国土上。由于澳大利亚和印度在建射电望远镜方面已有的实践和成就，他们将是中国的强劲对手。《建议书》在《总论》的最后一段话是这样写的：

> 澳大利亚、印度和中国估计将是最终被选定台址的主要竞争者，我们希望在这场竞争中，积极参与LTWG的全部会议和工作、研究与试验，进行广泛而深入的可能台址普查、候选台址的实测，最终拿出有竞争性选址结果，争取定址在中国。在全部预研究过程中，希望得到政府和有关部委的大力支持和帮助。我们认为，赢得这场选址竞争的意义，特别是其长期效应可以与争办2000年奥运会相比。

这个建议得到了中国科学院的支持。1994年春夏之交，由南仁东主持当时国际上简称“LT计划”的中国推进预研究工作，随即着手选址。

3 到遥感所去

聂跃平就是在这时候走进了选址工作。

接到通知，要他下午两点到二楼会议室开会。这是中国科学院遥感与数字地球研究所（简称“遥感所”）的大楼。聂跃平不知道有什么事，更想不到他此后将与南仁东一起去贵州的山窝窝里，一次又一次地与农民共度春夏秋冬。

他走进会议室，看到会议桌那边坐着四个人，其中一个人的眼睛直视着他。凭直觉，他感到了，今天这个会跟这个人有关。

“两撇胡子，这是谁呀？”聂跃平心里想。当时，这四个人，聂跃平都不认识。他们是南仁东、邱育海、颜毅华和彭勃。

“那是 6 月底，天气还没有很热。”聂跃平说，“南仁东穿个罗汉衫、大裤衩，看起来不像领导，但他的气场在那里。”

聂跃平是遥感所所长童庆禧推荐来协同选址的。南仁东仔细给聂跃平讲了来的目的，讲了经过初步摸底，打算去川西高原、柴达木、准噶尔、鄂尔多斯等地选址。“这一定是非常艰苦的。”南仁东说。接下来，他说得很直接：“说白了，关键就是想找一个合适的大坑。你能帮我们找到吗？”

“要怎样的大坑？”

“要尽量圆。”

“多大？”

“直径三百米以上。”

“怎样才叫合适？”

“要偏僻，与聚居的人群相对隔离。就是说，没有无线电干扰。但是，也要容易去的地方。”

“什么意思？要无人区，又要容易去？”

“喜马拉雅山，我就没法去了。”南仁东说。

大家都笑了。这大约就是他的学生们说的南仁东平时还挺幽默。这一笑，面对一个艰巨的任务，似乎有了轻松的讨论氛围。

“地质要稳定。”南仁东接着说。

“避开地震带？”聂跃平说。

“对呀。还要地下没有重要矿藏。要不然，将来要开采，叫我们搬家就麻烦了。”

“为什么不去贵州找？”聂跃平问。

“贵州？”南仁东问，“为什么去贵州？”

今天重读那份最早呈递给上级领导部门的《建议书》，里面写了许多边远地区，确实没见“贵州”。反复出现的关键词是“平坦地址”，也有考虑“石灰岩溶地址”。石灰岩溶即喀斯特地貌，贵州是喀斯特地貌最多见的地方，为什么没考虑贵州？

南仁东不是没有想过。因为国际提出的大射电望远镜（LT）计划是“一平方公里阵”的概念。随后，参与的各国考虑过多种可能的技术路线。彭勃曾这样描述：“可归纳为‘大口径小数量’和‘小口径大数量’两类。”前者，大的射电望远镜，布置数十个；后者，由上千个小口径的构成。不论哪一种，考虑相对平坦的开阔地带应该是有益的。贵州给人们的印象是“天无三日晴，地无三里平”，所以就没考虑。

“我认为去贵州找，才有最合适的。”聂跃平说。

“为什么？”

“你们想做的是中间一个大的，想过排水问题吧？”

“想过。没有排水系统，下暴雨，大坑就成水库了。”

“贵州雨水不少，可是喀斯特地貌留不住水。地下水滚滚流，地上缺水。贵州的大坑，会自动排水。”

南仁东眼睛一亮：“你对贵州很熟悉吗？”

“我在贵州做了多年喀斯特研究，就是研究怎么留住那水。难哪！但是，找个大坑，做你们要的这个巨大望远镜台址，不是正合适吗？”

南仁东顿觉：遥感所派来的这个年轻人不简单。

4 一个研究岩溶的人

聂跃平这年三十六岁，祖籍河南，1958 年生于贵州省独山县。在他心里，贵州就是他的家乡。回顾童年记忆中的家乡，他总是说家乡很美。

“这是我生长的地方，喀斯特地貌发育的一个美丽的地方。”他说河里的鱼有一尺多长，强调“都是野生的”。他说“天上飞着各种颜色的鸟，山里有豺狼虎豹”，并说“这是一点没有夸张的”。我想起在贵州不少人家看到各种色彩斑斓的鸟的羽毛，心想贵州少数民族多彩的服装，就是模仿鸟羽毛上的色彩制作的吧。今天贵州人说贵州都说“多彩贵州”。

“小时候看那河，很奇怪，流着流着，不见了，河到哪里去了？从另一个地方冒出来了。怎么回事？想不明白。带着疑惑读到了高中，然后下乡当知青了。”

“哪一年，在哪里插队？”我问。

“1974 年，在独山县上道公社新民大队。”

1977 年，他考上大学了。他说还是带着少年时的疑惑，报考贵州工学院（现在的贵州大学），就学水文地质、工程地质专业。“这时候才知道，贵州是喀斯特地貌占了 70% 的一个省份，所以它虽风景很美丽，但是土地很贫瘠。”

大学毕业后，他分配到贵州地矿局科研所工作，“又跟这个喀斯特有缘了”。他做了多年贵州南部的喀斯特研究，这是贵州岩溶发育最发达的地方。

“研究它到底怎么发育的，然后怎么来治理它。”聂跃平说在那五年时间里，这个岩溶研究项目划定的七万平方公里的地方，那里的山山水水基本跑遍了，什么暗河、溶洞等等，整个黔南的，甚至整个贵州的喀斯特发育规律，都基本上心中有数。

“洼地，就是南仁东想找的大坑，我也看到很多。它很深，都是岩石，岩石上面有些土，可能长点树，那个树又不成材，要种庄稼也很困难。这洼地有啥用呢？”聂跃平说他那时没怎么在意。1988 年，聂跃平考进南京大学地理系硕博连读，这时遇到了我国著名地理学家、岩溶学家任美锷教授。

任美锷生于 1913 年，曾由李四光推荐去英国格拉斯哥大学地理系学地貌、地质。抗日战争期间，他应竺可桢邀请回国，到当时迁到贵州遵义的浙江大学任教。正是在那时，他开始研究贵州的喀斯特地貌。1980 年，他当选为中国科学院学部委员。八年后，聂跃平来当他的研究生。他了解到聂跃平来自贵州，还搞过多年岩溶研究，对这个学生格外看重，把自己研究岩溶的毕生积累传授给他。这是难得的传承，也是聂跃平人生难得的机遇。

1993 年，聂跃平来到中国科学院遥感所做博士后，师从陈述彭教授。1920 年出生的陈述彭，竟也是任美锷教授的学生。陈述彭的创造性成就，在于他是我国遥感科学技术的奠基人，他也是中国科学院院士。

“接触到遥感技术后，我的认识从地面转到了空间，整个视野焕然一新。”聂跃平这样说。

至此，我们又遇见一个新技术了。

“你能用最简单的话让我大致对它有印象吗？”我曾这样对聂跃平说，“我对遥感技术很陌生。”

他表扬我，说我“不知为不知”，真好。他想了想，先告诉我，“这是二十世纪六十年代兴起的一种探测技术”，接着说，“这是从人造卫星、飞机，或者其他飞行器上，收集地物目标的电磁辐射信息，据此判认地球环境和资源的技术”。

“讲完了？”

“讲完了。”

“你用这项技术帮助南仁东选址，对吧？”

“这只是第一步。”

南仁东是了解遥感技术的，所以到遥感所来招兵买马。

现在，我们也知道了，由于运用无线电技术探测太空在二十世纪三十年代的突破性成就，导致射电望远镜问世，到六十年代就迎来了天文学的黄金时代。遥感技术也是有其渊源的……1858 年，法国人利用高飞的气球拍摄了巴黎的鸟瞰相片，1903 年飞机发明，此后出现了航拍相片。第一次世界大战期间，形成航空摄影测量学。第二次世界大战期间，出现彩色摄影、红外摄影、多光谱摄影、雷达技术、扫描技术等等。1957 年，苏联发射了人类第一颗人造地球卫星，六十年代，美国发射气象卫星、载人宇宙飞船……遥感技术至此成为一个新兴的重要学科。聂跃平现在是吸收了我国现代地理学、岩溶学和遥感技术先驱者的智慧。他的出现，乃至加盟南仁东团队，是这个项目的重要收获。

这个小型座谈会是值得记住的。那种深入的交谈，实际是不同的新技术相互渗透、相互碰撞发出的交响，其中有彼此深刻的理解。南仁东很兴奋：“你再去贵州，赶紧去，先去摸个底。好吗？”

这初次见面，南仁东给聂跃平的印象就是人很直爽，做事雷厉风行。聂跃平好像被感染了。他后来告诉我，他都没想好干不干这件事，就答应了：“好吧，我去给你找。”

“你坐飞机去。抢时间！”当时南仁东是天文台副台长，可以特批聂跃平坐飞机。日后聂跃平回顾说，当初风风火火，谁也没想到，后来选址、报批、立项，经历了非常艰难的十三年。在漫长的时间里，记不清多少次去贵州，由于缺少经费，他和南仁东只能一起坐绿皮火车，硬座，五十多个小时才到贵州。

今天回看往事，我想，成大事者不必每个思路都出自本人，而要善纳他人智慧。去贵州选址，就是聂跃平改变了南仁东先前的思路。我们还将看到，正是南仁东的这种品质吸引着聂跃平，令他一直协助南仁东，共度艰难。

5 在无路的地方

北京天文台买了机票，聂跃平乘飞机到了贵阳。

1994 年重返贵州，带着这项既有国际科学背景，又是为中国科技奋发图强去做努力的使命，三十六岁的聂跃平是意气风发的。到机场后，他第一个电话就打到了贵州省政府。省政府把电话打到省科委，让省科委接待。

然后，等。省科委派车派人到机场把他接到了省科委。

“我去了，他们就知道了。”

聂跃平告诉我，普定有个岩溶站，省科委指派普定岩溶站派车带他去考察，然后站长幸访明亲自来了。“幸站长陪我去考察了安顺地区、黔南州和兴义地区。跑了一个多月。”聂跃平说，“这一次还特别回了一趟独山县。”

独山县地处贵州最南端，与广西南丹县接壤，是我国大西南进入两广出海口的必经之地。聂跃平说：“选址的时候，我是有私心的，我很想在独山县选出一个大坑来，把大射电望远镜建在我的家乡。可是，独山真没有合适的。”

独山县与平塘县相邻。这次，他也到了平塘县克度镇，在镇邮电所打手摇电话，摇了好久才摇通县政府，给他们讲选址的事。县里很快来人，看了几处洼地，未发现大窝凼，也还不知有大窝凼。但是，这次在安顺、黔南和兴义三个地区看了几十个洼地，对于能找到合适的台址心中有数，就回来了。

回来汇报。南仁东先问：“你这次下去，在野外多少天？”

“三十多天。”聂跃平说，“你问这干什么？”

“给你补贴。”南仁东说，“我这儿有点钱。”

这时，聂跃平才知道，这个项目组还没有经费，还只是一个设想，大家觉得可以做，就这样开始了。这个项目涉及五六个领域，南仁东要同时开展五六个领域的研究，选址是其中一个。南仁东说的“我这儿有点钱”，是他这个副台长有点机动用的小钱。这么大的项目，没有固定经费支持，是不可设想的。特别是选址，不是在屋子里选，要满世界去跑，没有经费是没法开展的。往下怎么做？如果说是协助选址，协助到什么程度？实际上，聂跃平在这时要做一个选择。

从贵州回来，他做了两件事。

一是按南仁东要求，写了个《大射电望远镜中国贵州选址调查报告》。二是给中国科学院院长周光召写信，请求对大射电望远镜选址给予启动的经费支持，让这件事开展起来。

第一件事好理解，去跑了一个多月，这是一次有针对性的野外调查，颇有收获，得写出来。第二件事怎么理解呢？

第二件事，意味着聂跃平想好了，即使大射电望远镜还没有立项，没有经费，他也要想办法把选址这件事做下去！

但是，聂跃平为什么要这样做？

中国科学院和中国科协在中关村海淀剧院举办了一次关于“中国天眼”选址的专题演讲，题目是《给天眼找个家》，请聂跃平主讲。聂跃平回顾说：1994 年，我正想遥感技术学了以后，怎样在喀斯特地区发挥遥感的作用，想来想去正琢磨怎么用，这时候南仁东找到遥感所来了……在这段回顾中，他为什么会自觉地想办法把这件事做下去，原因在里面了。我想原因有二。

一是聂跃平研究“喀斯特”多年，现在学了“遥感”，如何能将二者结合起来，为家乡的岩溶地貌做点贡献，这是他学以致用的追求。他已经三十六岁了，应该有切实的目标、切实的作为，这是他对自己的要求。

二是他兼备喀斯特研究和掌握遥感技术，且对贵州岩溶地貌非常熟悉，欲将这个国际大射电望远镜争取到中国来落户，能不能选好一个理想的台址是关键。他是任美锷的学生，又是陈述彭的学生，难道可以不做这件事吗？他虽然没有这样说过，但他心里有“责无旁贷”这个东西，这是他的自信，他的责任感。

为什么给周光召写信？他说过一句“我胆子也大”。此话或可理解为，他还有“初生牛犊”的勇气吧。周光召虽是中国科学院院长，中国科学院遥感所的聂跃平并不认识他，但周光召是我国“两弹一星”元勋，是聂跃平非常尊敬的科学家，这很重要。而为大射电望远镜找个家在聂跃平心中也有非凡的神圣感。在写完《选址调查报告》后，两种神圣的感情在他心中激荡，他就提笔给周光召写信请求支持了。

周光召会回复吗？会支持吗？

这件事他没有告诉别人，暗自等待。

这年 10 月，大射电望远镜推进工作十国工作组在荷兰召开会议。吴盛殷带着聂跃平写的报告去荷兰参会。这个报告中详述的贵州地貌，在会议上受到重视。

吴盛殷把消息带回国。就在这个 10 月，中国科学院成立了国际大射电望远镜中国推进委员会，南仁东担任主任。聂跃平被任命为选址组组长。11 月，聂跃平就领着南仁东等科研人员到贵州，全面展开选址活动。

贵州省政府对此高度重视。省长陈士能亲自接见了南仁东、聂跃平和选址团队，表示贵州省对争取这个项目在贵州落地，全力支持。

“遥感技术是不是在那时发挥了很大作用？”

“是的。贵州 70% 的喀斯特地貌，万重大山，要找出最理想的洼地，没有目标，是不行的。我们通过遥感技术，在遥感图像上捕捉到三千多个洼地。”

我理解了，所谓选址，是先圈出目标，你才能去选。“捕捉到三千多个洼地，就缩小寻找目标了吧？”

“是的。”聂跃平说，“但是，当时遥感的分辨率没有现在高，搜寻洼地，就是你大概能知道在哪一片，把它圈出来。我们是边通过遥感技术搜寻，边实地考察，用半年多时间确认了三百多个洼地，把它们圈定到数据库里。这些洼地符合不符合台址的要求，哪个最合适，那得去现场看。可是又没有那么多时间跑，还是要利用遥感技术，一个个研究，我们筛选出一百多个。”

“然后一个一个去跑？”

“南仁东坚持每个洼地都要去跑。”

今天许多人追忆南仁东，都说到他对贵州人民充满感激。这包括对贵州党政干部和农民深深的感激。

贵州从省委省政府到县乡村都很支持。总有吉普车送到车开不进去的地方，再进去就要靠走了。几公里、十几公里到几十公里，都得走。队伍中，年龄最大的总是南仁东。

有必要说明，参加选址的，除了天文台的科技人员，主力还是聂跃平选址组的遥感所科技人员，以及地方干部和农民。不论去哪里，总有县乡村的干部和农民带路。无路的地方，要用柴刀在丛林中劈出一条路来，踩进去，没有农民兄弟的帮助，是进不去的。那样的经历，让南仁东想起自己在学生时代唱过的歌《我们走在大路上》：“披荆斩棘奔向前方……”

多年后回顾“中国天眼”是怎么诞生的，这“披荆斩棘”就是个巨大的象征——那不是走的人多了就有了路，而是在无路的地方，硬劈出一条路来。

“你们怎么知道这里面有个大坑啊？”县干部问。

“遥感发现的。”

雨衣、解放鞋、柴刀、拐杖，是他们永远的装备。

下雨，路滑，解放鞋是最耐用的。

拐杖，可用来防备丛林中的蛇。

这就是选址。

贵州的早晨和黄昏，寒冬和夏季。烈日和暴雨，或者蒙蒙细雨。巨大的山体落差，典型的岩溶，山涧下的河谷、丛林，蛇、猴、松鼠、山鸡、鹧鸪……山里单家独户的贫困人家，长长的弯弯曲曲的石级，两山之间的绳索构成的桥，水声在索桥下咆哮。

夜宿山村点起火堆，坐在火边仰望璀璨的星空，这是南仁东人生五十岁起经历的另一个震撼他心魄的世界，也是聂跃平和选址队员们再次经历的“社会大学”。不论科学多么尖端，理想多么高远，仍需脚踏大地。

在许多村庄都看到连片的茅草房，阳光照着挂满土墙的成串成串的红辣椒和金黄的玉米棒子，想起凡·高笔下的夜间咖啡屋，南仁东很想画一幅画，可是没有时间。乡政府的房子也很破了，不知哪年修的。

“山里农民再穷，也会杀鸡给你吃。”聂跃平这句话，给我留下极深的印象。

还有土酒，农民自己家酿的土酒。南仁东不会喝酒，喝一点身上就起红疹子。南仁东不止一次对聂跃平说：“你跟他们说说，不要这么热情。”聂跃平说：“你是天文台领导，人家都没听说过天文台，你是管天的官吧？你来了，人家能不好好招待你？”

南仁东怕欠人情，在县里乡里就买了水果带下去送山里农民。聂跃平劝阻别带：“这可太沉了。”南仁东说：“如果这事做不成，这份情就还不上。”

“这事”指的是大射电望远镜。聂跃平第一次听南仁东这么说，当即问：“你觉得有可能做不成？”南仁东一愣，说：“一定要做成。但是，如果没做在这里，这情就还不上。”

“这是我的家乡，”聂跃平说，“我了解农民，他们从来就没想过要你回报。你来了，他就招待你。”

南仁东生在东北的一个工程师家庭，日后上大学，下工厂。到贵州选址，是他首次广泛接触到农民。他对聂跃平说：“我们没有退路，一定要在贵州选出一个最好的台址，把这件事做成。”

1994 年底，选址已有相当大的收获，他们已经发现了后来作为“二选一”的备选地——尚家冲。

1995年初，周光召院长给大射电望远镜选址特批了五万元。这是本年度的第一个好消息。

这似乎是聂跃平期待中的，但还是有些喜出望外。他说那时科学院经费很紧张，“这是破例的”。不管怎么说，这件事对整个南仁东团队都有巨大鼓舞。

这年春，选址又有很大收获，南仁东和聂跃平大抵锁定了安顺普定和黔南平塘两县。选址的收获，促使南仁东想把1995年度的国际大射电望远镜工作推进会议争取到中国来开，让国际天文学家到贵州亲眼看一看。他开始争取。

第一个做出反应的就是当年邀请南仁东去荷兰做访问学者的理查德。他最先来到中国，去贵州看洼地。不久，南仁东的争取有了超出预想的结果。

6 天文国际会议，贵州

1995年10月2日，贵州首次迎来三十多位国际著名的外国天文学家。LTWG暨W-SRT国际会议在贵阳开幕。

LTWG是大射电望远镜工作组的简称，W-SRT是球状射电望远镜会议的简称。大射电望远镜是“一平方公里阵”的概念，可以做成多种形式。由于南仁东设计在中间的球面反射大望远镜已属于巨型球状射电望远镜（当时的预想是中间一个200米口径，周围还有数十个），因而这个LTWG暨W-SRT国际会议，比南仁东争取的更进一步，是专门针对中国的设计召开的。

南仁东是这次国际会议的主席，他致开幕词并宣读了国家科委副主任徐冠华院士的贺信。贵州省副省长龚贤永代表贵州人民到会祝贺。

这个会议有来自九国的外国天文学家，加上中国专家，共有四十多位代表。贵州省政府、省科委把这次会议安排得井井有条。省政府秘书长张佩良任会议接待总指挥，副秘书长何崇远任接待组组长，亲自坐镇贵阳市花溪 303 宾馆安排后勤工作。省接待处周处长则往返于机场、火车站迎接。这座代号 303 的迎宾馆坐落在花溪公园内，是二十世纪五十年代为接待苏联专家修的。

10 月 3 日中午，天文学家们坐上十几辆大巴去平塘县考察。此前，南仁东看到省里接待的热情，曾跟省里说，这个台址选在哪里还没有定，希望下面不要搞得太隆重。省里按南仁东的意思，也同县里打了招呼。

车队从贵阳出发，前有警车开道，路口都有警察执勤，经过惠水县去平塘县。入平塘第一站是克度镇，车队刚进入克度镇，就遇到夹道欢迎。欢迎的队伍看不到头，少数民族群众穿着节日盛装，载歌载舞……南仁东和天文学家们都不知发生了什么。

车停下来了，有人上来请代表们下车。大家这才知道，这么热烈的场面就是欢迎他们的。南仁东几乎大吃一惊。

欢迎的队伍有三里长。为避免扬尘，他们洒水于道。平塘县属黔南布依族苗族自治州，欢迎的人们吹芦笙、放炮……代表们下车，看表演。然后继续上车，车队从夹道欢迎的人群中穿过。

这里需要说明，聂跃平与南仁东首次去考察大窝凼是 1996 年，此时全世界都没有人会想到日后的“中国天眼”跟克度镇有什么关系。克度镇的欢迎，只因它是天文学家们进入平塘的第一个镇。

从克度镇去平塘县城，有一段近十五公里的路面坑坑洼洼，颠簸难行，现在，车队驶过的是平平整整、崭新的沙石路，是沿途村庄八千多农民赶修出来的。南仁东得知后，非常感动！

“这是谁组织修的？”南仁东问。

没人告诉他这是谁组织修的。但中国基层非凡的行政组织能力，在这热烈欢迎中展现无遗。

车队进入平塘县城，欢迎更加热烈。

车队在县中心广场停下来。少数民族色彩缤纷的欢迎队伍，中小学生身着校服的欢迎队伍，早早就列队候在大道两旁，欢迎的人群一直排到广场。黔南州州领导和平塘县的领导站立着等待在广场上，迎接代表们下车，一一握手。然后请代表们与身着民族盛装的男女青年们一起唱歌跳舞。姑娘头戴银饰，身上五彩的服装上还有许多银饰，跳起舞来银光闪闪，全身都响。唱歌的可不只是舞者，那民族歌曲每个欢迎者都会唱，那歌声和舞蹈仿佛要把整个广场抬起来。这是多么奔放的民族！中外科学家们立刻都被感动了。

——这是我一生难忘的时刻。

——我感觉我们的总统也没有受过这样的待遇。

——我从这么多善良的眼睛里看到他们对美好生活的向往。

我在采访中听说“老外”说过这样的话，但没人能告诉我，说这话的外国天文学家叫什么名。

从贵阳花溪 303 宾馆到平塘县有 198 公里，当晚代表们夜宿平塘县招待所。“老外”们在这天晚上或次日清晨洗澡时也不知道，这是招待所为这个会议刚刚安装了热水锅炉，才能让大家洗上热水澡。

招待所这 举措，则是因为黔南州委书记李培书提前到平塘检查接待工作，得知县招待所没有提供洗热水澡的设备，当场决定从州财政拨专款立刻购买热水锅炉。

10月4日早晨8点，车队出发，专家们前往平塘县者密镇六硐村熊桥洼地考察。洼地在山里，因要爬坡，农民们早已用山里的竹子精心做成竹手杖，现在一一送到每个专家手里。专家们拿着还带有竹子清香的打磨过的手杖，都很感动。

他们全部爬上了400米高差的熊桥洼地。我国著名天线专家茅于宽先生已经七十三岁，也手持拐杖登到了山顶。荷兰天文学家理查德已是第二次来贵州考察，他第一个登到山顶，看到熊桥洼地时连说："Very good! Very good!"

代表们登高远望，看到连片的岩溶洼地群，异常兴奋，详细询问了洼地的分布、几何形态、地质结构等等，南仁东和聂跃平都应接不暇。专家们在洼地流连忘返，直看到下午两点多，才在会议组织者再三邀请下，来到一片较为平坦的坡地上用午餐。

中外代表围坐在一起边吃边谈，与当地工作人员合影，然后才依依不舍地上车向安顺出发。此去安顺有三百多公里，晚上八点才到达，安顺行署和普定县领导也候在宾馆迎接。第二天将去普定县考察。

普定有"黔之腹，滇之喉"之称，境内岩溶地貌广泛发育，演变形态类型齐全。普定是多民族聚居地，其中苗族、布依族是主要少数民族。就在中外考察团夜宿安顺这天晚上，普定县已知平塘"载歌载舞隆重欢迎"，因之以更大的力度连夜"总动员"。他们以组织民族文艺调演的名义，把全县各乡村能歌善舞的人都通知到了，要求第二天一早务必到县城。

10月5日上午，考察团从安顺出发，先去普定县的手扒岩洼地考察，同样受到当地群众的热烈欢迎，农民们同样为每个专家准备了崭新的竹手杖。在洼地考察结束，车队去普定县城，刚到进城的路口就受到夹道欢迎。欢迎的人群比平塘更多，从路口一直到招待所，有两公里长，几乎倾城出动，也是载歌载舞……

“怎么办？老聂！”南仁东对比自己小的聂跃平总这么称呼。

“继续搞啊！”

“将来只能建在一个地方……”

“总在贵州吧！老百姓都希望建在他们这里，你说怎么办？”

是的，不管将来建在哪里，期望建在中国贵州，这是他们真切的共同的愿望。在这次考察中，有一辆小车一直行驶在车队前面十多公里的路上，车里坐着省科委工业处处长李纪福。一年多来，他同中国科学院的选址队员们七次到平塘、普定考察选点。这次会议，他是考察的开路先锋。平塘县副县长王佐培、普定县岩溶站站长幸访明，一年多来，除了陪同中国科学院选址人员考察外，还带着本县的科技人员走了更多的预选区，提供了许多洼地资料。这些艰辛的跋涉，都是他们自愿付出的。

这次国际会议，包括实地考察共六天。10月5日，贵州省省长陈士能举行招待晚宴。国际LT工作组组长，据说是荷兰的一位天文学家，他手举酒杯这样说：

“贵州人民内在和外在的美，你们的善良和热情好客，你们的舞蹈、歌声，和世界上独一无二的贵州风光一起，给我和参会的LT成员留下了非常深刻的印象。我们这些研究天空的人，虽然没有大笔金钱，但我们有自己的思想、自己的梦。这些梦，常常会在辛勤的劳动之后，变为现实。”

他的讲话，包含着他感受到的贵州人民深深的期望，也包含着真诚的祝福。全场报以热烈的持久的掌声。

回顾这次国际会议，或许可以说，为把大射电望远镜这个国际项目争取到中国来，这次会议几乎是达到了一个最佳点。然而，从 1994 年开始选址，到 2007 年才获国家正式批准立项，历时十三年，其间的艰难曲折，是南仁东、聂跃平们在 1995 年根本想象不到的。

但是，促使南仁东不论遇到怎样的艰难，都会坚持做下去的因素，在 1995 年已经存在，不仅仅是平塘、普定两地人民发自内心的欢迎盛会。

“这次实地考察，为什么是去熊桥和手扒岩，当时考虑过在这两个点选择吗？”我曾问。

“没有。”聂跃平说，“我们数据库里锁定的点，还有很多没有考察，不可能定。当时只是选了两个比较容易去，也比较典型的地点，让外国专家去看看贵州岩溶的基本状况。”

然后我知道了，当时，虽然已经注意到了普定的尚家冲，却没有去，是因为那里还没有通车路。但那以后，普定就组织当地村民修了八公里通车路，接通外面的公路。那里是贫困地区，穷，当地政府没这笔经费，只给修路的农民补贴粮食和棉花。南仁东听说农民在那里修路，曾立刻对地方政府说：“不要修，不要修，还没定啊！”可是没人听他的。那个冬季，农民不畏严寒加紧修路。几个月后，尚家冲就以一条崭新的大路迎接春天。

修路的不仅是普定。1996 年发现平塘的大窝凼后，平塘方面听选址专家讨论说，这个地方也很有希望。平塘也开始修路了，没有经费，没有可行性研究，也没有文件批准，因为并不能肯定这个项目就会在这里落地——南仁东还跟贵州方面的有关领导说过，甚至不能确定这个项目一定能争取到中国来。但是，那里的农民开始修那条路了，那条十三公里能通大车的路——他们说，建这么大的望远镜，一定要有大设备的，修一条小车能走的路肯定是不够的。他们把路修到了大山深处的大窝凼前。聂跃平曾感慨地说："普定和平塘农民修的这两条路，都是在荒山野岭、岩石嶙峋的地方开出来的。要按市场经济，几千万元也不够，当时地方政府都只是给农民补些粮食和棉花就修出来了。"

我知道聂跃平说的，并不是说农民穷，给点粮食和棉花就干了，而是说，虽然穷，但那里面有不能用金钱计算的东西。

"为争取这个项目，普定和平塘都做了很多超前的工作。这是我和南最为难的，但也是最激励我们的。"在共度艰辛的十多年里，聂跃平说到南仁东时已习惯地称他"南"。

贵州人民的殷切期望和真情相待，是南仁东遇见的一个更加震撼他心魄的世界。在无路的地方开出一条路来，似乎也始终是一个巨大的象征。每一个修路农民付出的艰辛都是有意义的。在南仁东最艰难的日子里，每思于此，那都是激励他奋起的号角。

第六章

找回自力更生

“在这个满地都是金钱的年代，我这些学生在看星星。”这是他对他的学生最高的评价。建造FAST，似乎不是要观察宇宙，更像是带领我们审视自己的灵魂……当年中国的科技、经济条件都落后，能搞“两弹一星”吗？“有条件要上，没有条件创造条件也要上。”青年时听过的这句话重新回到他的记忆里。为什么今天反而不够自信？在最艰难的日子里，南仁东最大的收获就是找回“自力更生，奋发图强”。

1 为什么这么难

1996 年 8 月，首届全球华人天文学大会在香港召开。

地点在香港大学，会议的组织者也是香港大学。

张承民与南仁东在这个会议上不期而遇。

“Gentleman, would you like to put out your cigarette？”这是张承民对南仁东说的第一句话，汉语的意思是：“先生，请您把烟熄灭了，好吗？”那时张承民是会务秘书，南仁东正在会场外面的走廊里抽烟。张承民也不清楚他是不是参加会议的。

“你是中国人吗？”南仁东用中国话回答。

“是的。”张承民也用中国话回答。

“明年香港就回归了。你刚才怎么不跟我说中国话？”

“我以为你是日本人。”张承民比画了一下对方的小胡子。

“你为什么不想到鲁迅呢？”南仁东说。

“你是东北人？”张承民听他一口东北口音，走近了还闻出那烟也是东北关东烟味道。

“是呀！我听你也是东北口音。”

张承民，1963 年 5 月出生于辽宁葫芦岛，十六岁考进大连理工大学，随后在本校读研，获硕士学位后分配到天津河北工业大学当物理教师，1995 年到香港大学读博。

南仁东在这个全球华人天文学大会上做了个报告，讲中国正在争取把国际大射电望远镜建到中国贵州，中间的是个 200 米口径的球面射电望远镜，周边数百公里范围还有数十个同等大小的望远镜。

“200 米口径已经是雄心壮志了。”张承民回顾说。当时中国最大的射电望远镜口径只有 25 米，忽然听说想搞个 200 米的，这是“超级大胆”了。

这个报告在会上最受关注，还因为它令人不能忽视的学术背景。就在 1995 年 10 月，国际天文学会议在贵州召开。之后，美国《科学》（*Science*）杂志就报道了在中国贵州大片喀斯特洼地为 LT 早期选址和预研究的报告。现在，在大会做报告的南仁东是大射电望远镜中国推进委员会主任，这个委员会联合了国内二十多所高校和科研院所的一百多位各路专家……那时，张承民就对这个南主任暗自敬佩。

“你做什么研究的？”南仁东曾问他。

“脉冲星理论研究。”

南仁东忽然别样地看着他，稍顿才说：“国内做这个研究的还是凤毛麟角。”如此聊起来，二人就有了不少可探讨的语言。

那以后，张承民去巴西、德国、澳大利亚做过博士后或客座研究员，直到 2004 年回国。此前，2001 年，中国科学院下属的天文领域四台三站一中心撤并整合成国家天文台，北京天文台随即撤销，其所在地作为国家天文台总部。张承民回国后到国家天文台任研究员，这时他第二次遇见南仁东。

“你回来啦？”南仁东还认得他。

“回来了。”他更忘不了南仁东的小胡子。

“你在世界上跑来跑去，最后还是回来了。你到我这里来干活怎么样？”

“行啊。”张承民随口应道，实际并没有想好。

当晚南仁东就把文档抱来了，让张承民帮助把中文翻译成英文，要去争取国际支持。这时，张承民看到，南仁东一直在争取的“平方公里阵列”（SKA）国际项目，中间那个大的望远镜已经从以前说的200米口径变成了500米口径，是超级巨大了。

“1994年，南老师就在筹措这个国际项目，并用贵州特有的地貌环境去申报SKA。2004年，我回来了，他还在申报。变化只是中间那个大的从200米口径变成了500米口径。当然，构想、设计都更雄伟了。可是十年了，还没有着落，为什么呢？”他告诉我，2004年那个夜晚，他看着南仁东抱给他翻译的文档，就这么想。

就在这个夜晚，他从资料中看到了，争取把SKA建到自己国家来的，不是只有中国，还有澳大利亚、阿根廷和南非。

这件事的好处，远不只是争取到国际合作的经费。南仁东要他翻译的是一系列要去参加竞争SKA的文档……然而，2004年，南仁东五十九岁了，转眼就到退休年龄了。他已经为此奋斗了十年，竞争对手还有多国，并不能肯定这个国际项目会在中国落地。如果不能呢？难道空有抱负……看着人生老去？

为什么南仁东看到张承民回来的第一天，就迫不及待地把这些文档抱来请他翻译？难道他身边缺人？……张承民在这个夜晚感觉到了这件事有很大的难度。但这“500米口径的大事”，够得上是一件国之大事。多年前，他听南仁东报告曾感觉到的激动，还在他的心中荡漾……只是，能不能做成？

南仁东不会没想过能不能做成，只是人生总在能不能做成上衡量，多半是做不成的。当整个身心都为一件国之大事召唤，感受到严峻挑战仍勇往直前，即使未能做成，也给后人留下一串跋涉过的脚印。张承民在这个夜晚，似乎也是带着迎接挑战的感觉，走进了南仁东的艰难岁月。

2 发现大窝凼

做 500 米口径的大射电望远镜，就需要大窝凼这样的台址。

首次发现大窝凼，还是 1996 年。要确定在此建大射电望远镜却不容易，经过一轮又一轮实地考察，还需要做地下勘探。最早是遥感发现有“异象”，然后请镇上派人带路去找这个地方。

第一次去到这个叫“大窝凼”的地方，一共四个人：聂跃平和遥感所的朱博勤，还有两个镇干部，李国斌和杨天明。

我去寻访已经搬迁走的大窝凼居民时，他们告诉我：“带路最多的是李国斌。当时他是镇干部，后来当过镇长、书记，现在退休了。”他们说的“带路最多”就是指一次次的考察，已经记不清来过多少次、多少人。他们还说，由于很多专家一次次到大窝凼，周边的农民起初传说是发现矿，后来又传说是发现外星人留下的东西。

“杨天明呢？”我问。

“他就是在大窝凼里长大的。”

我想我应该去找到杨天明，这是后话。

再说聂跃平和朱博勤首次去大窝凼。

从克度镇出发去大窝凼，有一条依稀可见的小路，后来听说去那里要步行十三公里，但弯弯曲曲地走着感觉这小路不止十三公里。清晨一大早就出发了，还是走到了下午，走了近五个小时。其中经过一个垭口，即高大山脊的鞍状坳口。那坳口的风特别大，刚刚踏上坳口，高个子聂跃平的草帽就被吹飞了。

过了垭口，发现里面别有洞天，好像进入另一个世界，大窝凼就藏在这个绿树与嶙峋的怪石并存的世界里面。这个垭口后来是用炸药爆破炸开的。

又走了将近一半的路，才到达被绿树掩映着的大窝凼跟前。到了近前，才发现一个巨型“天坑”。时值盛夏，这“天坑”似乎也不荒凉，周围上下和远远近近的山，都长着葱茏的树，只是没有很大的树。

“你看这个‘凼’字，是造得很好的。”聂跃平曾这样说，“凼的意思就是四周有山，在一个巨型大坑的底下有水。”

从大窝凼上面的山路往下看，隐约可见凼底有房屋。有房屋就有路，那是一条“之”字形小路，沿着它，小心翼翼地走下去，就看到了凼底有人家，还有水稻田。

克度镇金科村有个靛塘小学，杨天明当时是靛塘小学的校长。他是在大窝凼长大的，又有文化，他的家也还在大窝凼，这天就被镇上通知来带路。走到凼底，只见这凼底还很宽阔平坦，田里的水稻长得很茂盛。稻田上方的山边有成排的房子，错落有致。山边有牛。有十几只狗奔迎过来，奔杨天明来的。

“这里一共有 12 户人家 62 人。”杨天明介绍着，就把聂跃平一行领到了自己家里。

杨天明的父亲叫杨朝礼。大窝凼的村民并非没有组织，凼里也是个村民组，他的父亲是村民组组长。镇上宣传计划生育也不会忘记这个村民组，上面来人都是到组长杨朝礼家。这回，杨朝礼见儿子带客人来，很高兴。

他用方言吩咐“马上做饭”，还叫人去抓两只鸡来。

那鸡放养在山上，会飞，差不多成野鸡了，很难抓。费了不少劲，抓来了两只，只见那毛色特别鲜艳。那鸡蛋也是下在山里的，要到山里去捡。鸡蛋小小的，里面的蛋黄很大，起码占鸡蛋的80%。

吃饭时，有人抱来一坛子酒。杨朝礼老人说，这是自己家酿的水酒，用米酿的，好喝。聂跃平喝一口，甘甜，感觉像酒酿。走了五六个小时到这里，虽然已喝了凉茶，还是渴，他觉得好喝，不知不觉间竟喝了三碗，一会儿就倒了。这天，是农民把他从凼底扛上来的。

“鸡肉，一块都没有吃到。”他后来还记得。

但是，聂跃平说这句话时心里是很高兴的。这个地方，从那垭口里进去，好像世外桃源。聂跃平还想着，南仁东曾反复说过，能不能找到可以放下500米口径望远镜的巨坑……这个大窝凼，他初步测算，直径够500米，而且比较圆。

他把大窝凼的基本情况告诉南仁东，南仁东就来了。

李国斌再一次领着南仁东、聂跃平等人来到大窝凼。

第一次去大窝凼，往下走不远，就遇到有人从山洼下面扛着猪肉往上走，南仁东就问：“这下面也养猪？”

“养啊。”李国斌说，“一家养七八头猪，还有养一二十头的。买了猪苗背下去养，下面的猪一般都养到三四百斤，养大了赶不上来了，只能这样把肉背上来，拉到镇上去卖。”

尚未到达，南仁东先感受到了凼底人家的生活气息。走到底部就看到这么深的一个天坑里面，居然藏着12户人家，南仁东连称“奇迹”。接着，他注意到了这么偏僻的地方，每一户人家的门前都把对联贴得格外热闹。外面的乡村，一户人家的门前贴一副或两副对联。这里的人家居然在门前贴五六副对联，更奇特的是，在正门上方的门框上贴着五条垂下来的字联，上面写着：“迎春接福”“春回大地”“万象更新”“吉庆有余”……看那模样，把家庭的门脸打扮得好像姑娘的刘海似的。南仁东曾说真想画一幅画，可是一直没有时间实现。

每户人家的房子都建在用石块垒砌起来的高台上，这是中国远古的建筑就有的形制，目的是防水。这些石级一般是四级到九级，从地面踏台阶上到台面，房子就建在这上面。

台面的门前，家家户户都放着许多把有靠背的木制小椅子，可见大窝凼没有竹子。坐在小椅子上，就能看到不远处的稻田。稻田里有水，这田无疑是这里的居民开垦的。能养活十多户农民的田，有相当的面积。它是凼底最平整最大块的地方，这些地方肯定是能盛住水、不漏水的地方。

“这里有过山洪暴发吗？”南仁东问。

“没有。”杨朝礼说。此刻凼里的男女老少都坐到杨朝礼家的门里门外来，听南仁东问凼里的春夏秋冬。

“下暴雨的时候，你们不害怕吗？”

“不怕。”

“这四周围山上的水下来，这凼里的水不会涨上来吗？”

“水也会涨。”

“不会淹到房子？”

“水从来没有淹到过我们的房子。”

“水到哪里去了？”

“漏走了。”有人说，“不是田的地方，都会漏水，水从地下走了。”还有人说，“那边有一个大洞，有多少水，都从那里走了。”

于是他们被领着去看那大洞。那是个“漏斗”，或者说，整个大窝凼的地势就是水文地质学上所称的“漏斗”，一个无底洞，水漏到地下的暗河去了。这正是建造大射电望远镜所需要的条件之一，否则暴雨、洪水一来，天坑积水就淹了巨型望远镜。

对大窝凼的勘察，不是三五次。聂跃平这样说：“我们下去了三十多次，南也亲自下去了十多次。开工以后，天天在那里转，那就数不清多少次了。南每次下去，都在凼里很久。他还住在农民家里，夜里跟农民聊天。”

有一次走到那里，天要下暴雨了，雷声在天空炸开，在山谷里发出隆隆巨响。年轻人看着都惊悚，劝南老师别下去了，先避避雨吧。他说抓紧时间下去，就带头下了。

往下没走多少，暴雨就来了。雨水从大窝凼上面开放的周围倾泻下来，那条“之”字形小路顿时水溜溜的，滑得人站不住了。“南老师！”有人大喊，只见南仁东被泥水冲下去了……

“从大窝凼下行，很陡。那‘之’字形路的转弯处，下面几乎是垂直的。一滑下去就完蛋。”聂跃平说，“那次真是后怕。幸亏南被小树丛挡住，要不然不知会发生什么。”

聂跃平还说，从凼顶下去，当地居民十几分钟就下去了，上来要半个小时。我们用半个多小时能下去，上来要一个多小时，而且累得不像样。

“老聂，我每次走到这里，都像下地狱一样。”快爬到凼顶的时候，南仁东拿出速效救心丸往嘴里塞，“我喘不过气来了。”

但是，收获是很大的。到 1996 年秋，普定的尚家冲和平塘的大窝凼，在南仁东和聂跃平的考察中已基本认为：这是两个可以备选的台址。

尚家冲洼地可以装下 350 米口径的望远镜。如果建 350 米口径以内的，可选尚家冲。如果做 500 米的，可选大窝凼。也就是俗话说的，心里有底。

贵州大窝凼人家　（中国科学院国家天文台供图）

世界最大的射电望远镜就建设在贵州平塘这个名为大窝凼的巨大“天坑”里。一个半世纪前，一男一女到这凼底开荒种地，筑庐生息。到选址发现这个“天坑”时，凼底居住着12户62人，男性全部姓杨，女孩要嫁到山外去。凼底有稻田，有果树，有牛羊猪狗，鸡住在树上，仿佛世外桃源。2011年FAST正式开工，这个神秘的聚落就永远消失了，居民全部迁去“天眼小镇”。

但这话还不能公开说。原因之一就是，这个国际项目能不能争取来中国落地，还不确定。

这时，我还得知，大窝凼的男性居民全部姓杨，是一个杨姓男子和一个女子最早来到这荒无人烟的大山的凼底开荒种地，在此生息繁衍发展出12户人家。这一男一女，什么时候来到这里？什么原因使得他们远离人群到这里栖居？……我想我一定要找到他们的后人，了解可能流传下来的家族记忆。

3 为什么锲而不舍

国家天文台台长严俊，在回顾FAST计划形成与推进的历程时曾这样说："在不断推进的过程中，参与计划的一些天文界前辈逐渐退休，但他们依然关心并尽力支持着计划的发展。同时，也不断有新人加入FAST计划中来。"

张承民就是在南仁东奋斗了十余年后才加入进来的。严俊台长说已退休的天文界前辈依然关心和支持南仁东主持的这个事业，是真实且真切的，因为这里寄托着他们奋斗一生、期望祖国天文学重新辉煌的梦想。张承民加入，在协助南仁东工作的过程中看到他异乎寻常的困难，也是真实的。同样可以说：那是当时，乃至现在都很少有人知道的。

正由于南仁东发起和主持的这个工程前后达二十三年，不少参与者是阶段性的，多数人大抵只了解其中一部分，或只是一部分的一个侧面。由于南仁东的逝去，我也费了很多时间寻访和研读文档，才逐渐看到这个工程的来龙去脉曲折跌宕，逐渐接近这个工程难度和价值的核心。

早先，南仁东构想，把大射电望远镜（LT）中间那个做到200米口径，不少人就感到“有点夸张”了，后来规划到500米口径，就有声音说他是个“疯子”。

我似乎感到这一情况有点熟悉。我想起1998年，我采访王选时也曾听到，早先王选设计汉字激光照排四代机时，否定的声音就说这是妄想“一步登天”。因为中国当时连一代机都没有，世界上最先进的四代机也还在研发之中，王选怎么能想一步就做四代机呢？

结果，王选成功了。那么，我采写的意义在哪里呢？

意义就在于王选成功了？大多数人并不从事王选的事业，向王选学什么？写人们早就熟悉而又熟悉的“刻苦钻研”吗？

所谓“个性”，并不只是个人的性格。

我终于注意到了，王选“这一个”的艰难曲折中，埋藏着普遍的认识价值。那是什么？每一种“国之重器”，为之奋斗者都不只是一个人，而是有很多人。有很多失败铺垫出通往成功的路。去真正深入地、仔细地把身子俯下去、趴下去研读他们的足迹，就会看到——我们需要学习，需要追赶，但只是跟在发达国家后面一步一步地追赶是追不上的，需要向顶天的高技术迈进——这就要“一步登天”，才能挺进到最前沿去争取我们生存的空间。

如此，可能失败，但有成功的可能。

如果总是追随在后，失去的不只是一个制高点，还会失去广阔的市场。在发达国家占有先进技术并极力推崇的市场化时代，失去市场，就会导致我们生存和生活的空间大规模沦陷。我由此看到了王选成功的普遍性意义在于——跨越式发展。1998年，我把这“跨越式发展”写进了《王选的选择》。

如果放弃向顶尖的科研去奋力攀登，只会将发达国家的高技术产品卖到中国，则会导致整个国家的发展沦陷。

那时我想，他那“一步登天”为什么可能成功?

然后发现，这里存在信息时代的特征——

信息技术的基础是数学技术，这与工业时代向矿山要资源不同，这是一个向大脑要智慧的时代！微软、英特尔都是靠数学技术而成为拉开信息时代序幕的企业。中国人的头脑在数学方面毫不逊色，我们不能妄自菲薄，王选的成功就是证明。

在当时，那是怎样的成功呢?

随着计算机时代到来，美、英、日等国瞄准巨大的中国市场，先期投入研制中文汉字照排系统，到1984年已形成“联军”似的战斗力，向中国的报社、出版社、印刷厂发起进攻。转眼间，我国有几十家出版社、报社、印刷厂购进了五种不同品牌的美、英、日照排系统。王选领衔研制的汉字照排系统似乎大势已去，参加协作的单位也有提出撤走人员的，王选的硬件组从最初热热闹闹的九个人走得只剩下包括王选在内的两个人……后来呢?

到1989年，王选坚持开发的汉字照排系统，经过九死一生的搏斗，开始在国内新闻、出版、印刷业波澜壮阔地前进。这年年底，所有研制汉字照排系统的外国公司，全部被中国技术打败，退出中国大陆市场。

这里的普遍意义是什么?

不仅要“顶天”，还要“立地”。

立地，就是用顶天技术去开发市场。因而王选已不是一个传统的科学家形象——同样是数学家，他与陈景润不同——王选把数学知识开发为技术，再把技术开发成产品，再把产品变成商品。

但是，这就是王选最大的意义吗？

你瞧，由于王选团队的成功，中国铅与火的印刷时代结束了，光与电的激光照排时代出现。这是什么？这就是时代变迁。全国印刷出版行业，由此从传统工业时代向信息时代变迁，并影响到政治、科技、教育和文化的方方面面。

如此，王选的全部实践都告诉我们，这是一个计算机正在取代蒸汽机的时代，信息技术正在风暴般地改变世界。即使你刚刚出生在遥远的山区，这个时代变迁也跟你有关系了。我由此在 2000 年写出了《智慧风暴》。

为什么在这本书里讲了这么一大段王选？

为了更充分地认识南仁东。

可以这样说，像王选、南仁东这样的人，他们所做的事业都不是为了他们自己。我写王选和南仁东，是为王选、南仁东而写吗？如果是，我会感到，我对不住他们伟大的胸怀。

我还听过这样一句话：汽车出现的时候，马车是有意见的。

这句话讲的就是新技术带来的时代变迁。南仁东孜孜以求的“中国天眼”，并不只是要造一个世界最大的望远镜看星星。

南仁东并非不知其难。因为难，国际天文会议提出需要会聚多国的财力、物力和科技力来联合制造。因为难，所以南仁东多年来锲而不舍地想把这个国际项目争取到中国来。

南仁东锲而不舍，还因为争取这个项目，中国是有优势的。

美国的阿雷西博就是建在北美和南美之间波多黎各岛的喀斯特地貌上。它的好处是，可以减少巨大的开挖量而节约大量经费，而且它有天然的渗水功能。那么世界上还有哪些地方具有合适的喀斯特洼地呢？

南斯拉夫有。“喀斯特地貌”一词，就因近代喀斯特研究发端于南斯拉夫而得名。但是，1992 年南斯拉夫解体，分裂为南联盟、克罗地亚等多国。1999 年上半年，北约对南联盟进行了长达七十八天的狂轰滥炸。美国使用三枚导弹袭击中国驻南联盟大使馆就发生在这年 5 月。该地区政局不稳，战事频仍，不可能选择该地建大型射电望远镜。

世界上还有其他有喀斯特地貌的地区，但都没有中国贵州这么合适的。欧洲没有安静的无线电环境。日本电子技术发达，但地理环境、地质条件、无线电环境都满足不了。1991 年年底苏联解体后，俄罗斯还处于经常不稳定的动荡状态。

建 SKA 需要地理环境、无线电环境，还需要能长期维护的行政力。我国一旦决定在贵州某地建个无线电安静区，行政力、执行力是最强的。这些综合因素，说明贵州有最合适的环境，如果能争取到中国来做这件事，也是对人类的贡献。

所以，南仁东就锲而不舍地追求。在 1995 年贵州召开的国际天文学会议上，国际天文学家也是这么看的。

然而，就像彭勃说的：“参与的各国提出了多种可能的技术路线，可归纳为‘大口径小数量’和‘小口径大数量’两类。前者由中国和加拿大倡导，后者由荷兰、美国和澳大利亚等倡导。”[1] 这个“等”里面有很多国家。没有喀斯特地貌的国家多提倡后者，后者是多数。南仁东感到竞争的难度大了。

1997 年，南仁东心里逐渐意识到，不能把希望完全放在争取国际 SKA 项目上。他想起了青年时在通化厂搞“向阳牌”便携式收音机、电视发射

〔1〕见《中国国家天文》2016 年第 10 期：彭勃《给“大射电”起个名儿》。

机的时候，车间里贴着的标语："自力更生，奋发图强！"一个意识仿佛突然在他头脑里生出来：我们应该独立建造一台500米口径的射电望远镜！

这个计划，陆续得到了大射电望远镜中国推进委员会一大批专家的认同与支持。这年7月，他们正式提出了专业称之的"LT中国工程概念先导单元"，就是由我国独立建造一台世界最大单口径球面射电望远镜（FAST）的设想。

FAST这个创意，凝聚着众多中国天文学家的梦想，在南仁东、彭勃等几位核心专家的反复磋商中形成，含义若用一个字表达就是"快"，蕴含着"追赶""跨越"或"领先"的意思。国际上，有人把FAST解读为"野心勃勃的计划"。

1998年夏天，南仁东穿着裤衩，亲自为FAST设计了徽标。

1999年3月，中国科学院知识创新工程首批重大项目"大射电望远镜FAST预研究"启动。

在南仁东心里，这个计划只是他雄心的"底线"，是他胸中的"两手准备"之一。他主持的大射电望远镜中国推进委员会并没有放弃争取国际SKA计划。只是这计划中那个大的望远镜变成了500米口径的，周围还有分布在数百公里范围内由30多个300米左右直径天线构成的阵列，这真是一个极其宏大的计划！南仁东仍积极准备着用这个宏大的计划去参加国际竞争。

为什么仍然这样锲而不舍？

这个巨大的国际项目如果争取到中国落地，这意味着世界多种尖端的先进科技会因应用于此而流向中国，将会开启多学科的未来发展目标。

但是，正因为会有这么大的好处，南仁东要想把这个国际项目争取到中国来，难度就更大了。

4 罕见的预研究

“南仁东啊，南仁东，跟你做事就是难！”

记不清这是哪年哪次在哪个洼地里继续选址，与南仁东共寒暑，同跋涉，像哥俩了，聂跃平说话就随便了。

聂跃平告诉我，在用遥感技术反复搜寻、甄别、分析而建立起来的数据库里，从200米、300米到500米口径的“大坑”都各有几十个，加起来一百多个。想做多大的，都可以从这里面选。南仁东坚持这一百多个都要去走。

“要是漏掉最好的，我死了还会在这里转。”他说。

聂跃平说自己想起了少年时记住的毛泽东赞扬白求恩的四个字“精益求精”，南仁东就是这样一个人，一个追求完美的人。

十多年了，跑了安顺、黔南、黔西南一市两州的三十余县，还跑了毕节的黔西。所到之处，当地政府和群众都热情接待。可是南仁东怕欠人情，总是自带午餐，就是小饼干和小酸奶。聂跃平说他是“不食人间烟火”，因为饼干和酸奶是不用煮的。饼干和酸奶都很小，是那种小孩吃的。当然，他也是为了节省吃饭的时间。

十多年了，从省长到村长，从老人到儿童，很多人都认得这个有小胡子的科学家了。某次去大窝凼，有户人家生小孩，那小孩现在读高小了，这个“大射电”项目还没有着落，聂跃平也从三十六岁到四十八岁了。

“人生有几个十几年？”他问南仁东。

“你还年轻，我六十岁了。”

“要是最终没有结果，你我都废了。”

“别说废话。”

在一起的时间多，夜里南仁东望星空，也会跟聂跃平聊起有没有天外的理性生命，聊起霍金的警告——要是探测到外星人的信号，千万不要随便回应……

“你们天文学，是贵族科学。”聂跃平说。

“什么意思？”

“你们吃饱了，不考虑吃，不考虑穿，就想天空。我们学遥感的眼睛看大地，很实际。”

“你还想说什么？”南仁东看着他。

“你看这些年，遥感应用太广泛了，地矿、农林、军事、城市建设、农业估产……市场经济条件下，哪家找来，都得按市场经济规矩付费。”

“你是说你跟我这么多年，看岩石、找大坑，亏大了？”

“你们看天空的没钱，我还要找钱帮你干。”

“你别想跑。是你把我领到贵州深山里来的。”

我不能忽略他们在艰难岁月中的“牢骚”。其实，南仁东知道聂跃平也把这个事业看作他一生中最重要的事。而且，贵州是他的家乡，把大射电望远镜建在他的家乡，是他梦寐以求的，因此，他会一次又一次地去“求人”。

南仁东的不求人，是台里大家都知道的。不是他自视甚高，这可能与他的性格有关，或者，还因为，他与一种变得“到处托关系找权势”的颓风格格不入。他也不会讲自己有多少困难。用一句俗话说，在几乎揭不开锅的日子里，南仁东不求人，聂跃平只好想方设法去求人。

前文说过，1994 年他给中国科学院院长周光召写信，请求拨款支持选址，周光召特批了五万元。第二年，他又给周院长写信再次请求支持，周光召又批给选址组六万元。

随着选址的力度加大，他想起曾担任遥感所所长、中国科学院副院长的徐冠华。在 2001 年徐冠华出任科技部部长时，他就写信请求支持，徐冠华也批给了六万元。

最后一次，他把现任遥感所所长郭华东领到大窝凼现场，他对所长说：“你看一下，我们所里能不能支持一下？”

聂跃平告诉我：“我们所长是三院士，厉害哪。”

“哪三院士？”

“中国科学院院士、俄罗斯科学院外籍院士、发展中国家科学院院士。”聂跃平这样描述，“我们所长看了感到震撼，也看到大家条件很艰苦，回来就从所长创新基金里给了我们二十万元，这样就把选址阶段基本做完了，后来立项就有了基础。”

这样的预研究，不只是选址需要经费。

南仁东是 FAST 总工程师。FAST 工程有六大系统，每个系统都有总工程师。聂跃平负责的台址勘察与开挖系统只是其中之一。

选址是为了妥善安置那个 500 米口径的大家伙，与这大家伙相对的有一个悬在空中的馈源舱，有人把它比喻为“天眼”的“眼珠”，也有人称为“视网膜”，它是用来接收宇宙信号的。

这个“眼珠”高悬在 150 米的空中，且不说怎么悬在那空中，现在也不说那“眼珠”本身，只说需要有个设备来使那“眼珠”能够转动。这种设备被称为“并联机器人”。

FAST 六大系统中有一个叫“主动反射面系统”，这个系统的总工程师叫王启明。王启明在 2000 年夏天走进这项预研究。那年他三十九岁，正在清华大学做博士后，某种情形就像聂跃平在中国科学院遥感所做博士后。王启明做的是“研究并联机器人方面的课题”。

想象一下，王启明2000年接受的任务，是要研制一种悬挂在150米高空的特殊的“并联机器人”，用来精确调整“宇宙信息接收机”的指向精度。

“这是一个创新性应用，极具挑战性。”王启明这样描述。

天上有一颗星叫“启明星”，王启明走进这个领域，感觉自己跟这件事有缘分，进入得相当彻底。他说：“我们在2000年夏季，开始了并联机器人样机的研制工作。到2001年2月，用半年时间完成了FAST精调平台一米尺度缩比样机。”

研制“缩比样机”，也是FAST工程的预研究之一。这样的预研究，不是在纸张上做论文，是要用材料做出来的，需要一定的研制经费。可是FAST工程尚未正式立项，没有正式立项，就没有专项经费。“预研究”所遇到的困难，就是经常的。

这个旷日持久的“预研究”能坚持下来，中国科学院始终给予支持是非常重要的因素。但是，这个最早由世界天文学家提出的国际计划，一开始就认为需要多国从资金到技术的共建。如果中国独立建造，那只能是“国家工程”，仅靠中国科学院是不够的。在FAST正式立项之前，中国科学院想方设法多次给了预支经费，但中国科学院还有很多前沿项目需要支持，能给予FAST的有如杯水车薪，只是支持应急之用。要系统地把预研究做下去，怎么办？

这个项目，一开始出自南仁东的积极建议，现在也还需要靠具体做这件事的人们，继续积极地向国家有关机构申请资助。南仁东想到了国家自然科学基金委员会。

这个“基金委”是国务院在1986年批准成立的。它里面有个数学物理科学部，辖数学、力学、天文学、物理学四大门类，与其他科学部所属学科门类有广泛的交叉。数学物理科学部鼓励申请者提出学科交叉领域的研究项目，积极组织跨学部的交叉重大项目和交叉重点项目，组织有利于促进交叉的学术交流和讨论以及相关的预研究。

“你去找汲培文。”有人告诉南仁东。

“汲培文是谁？”南仁东问。

“国家自然科学基金委数学物理科学部常务副主任。”

南仁东还听说，很多人都说汲培文很有公心，他肯定会认真考虑。要是得到资助，一般可达到 50 万到 100 万元。

南仁东于是去找汲培文，坐在小车里出发的时候，南仁东还担心会有意外。结果，南仁东真受到了热情接待。汲培文很认真地听了南仁东的汇报。此申请在经过了调查和论证后，获得了 200 万元资助。在长达十多年艰辛的“预研究”中，得到国家自然科学基金的这次资助，南仁东团队里甚至有人说：“FAST 得救了！”

今天，我们在 FAST 工程大事记中看到记有这样一笔：“2005 年 1 月，国家自然科学基金交叉重点项目‘巨型射电望远镜的新模式’启动”。

获得这笔资助，得以启动建造 FAST 的 30 米口径索网结构缩比模型，负责这项工作的还是王启明。选点在国家天文台密云观测站的一片空地上。

从北京城区到密云观测站，汽车要走三四个小时。王启明住到了建造缩比模型的现场。周边都是农民的玉米地，玉米地绿了又黄了。北方的白桦林从树叶金黄变得光秃秃的了，基地上落满了白雪。阳光也改变了王启明脸上的色彩，变出农民的肤色。这是“中国天眼”这个露天工程，从预研究到开工建造，很多科学家都有的经历。做这项预研究的也不止王启明一人，而是一个团队。

他们完成了 30 米口径的索网结构缩比模型，这是 FAST 项目在国内立项或者到国际 SKA 计划中去竞争都必要的基础工作。他们把这项工作赶出来，时间只用去半年多。

王启明说："自 2005 年下半年起，我们开始了撰写立项申请书、可行性研究报告、初步设计和开工报告申请的漫长之路。"

建造缩比模型只用了半年多，写立项申请书和有关报告，王启明称之为"漫长之路"。张承民在协助南仁东翻译各种文档，写各种申请、报告的年月，更体会到想象不到的艰难。

科研项目中，预研究并不罕见。

但 FAST 这样巨大的工程，罕见。它涉及的学科的广度、深度，学科之间的交叉，相当一部分领域在探索中寻找道路，缺少可借鉴性……由此而构成的预研究，罕见。

还有一个更大的因素：这个 500 米口径的世界最大的球面主动反射望远镜，同时作为国际 SKA 计划的一个单元，尚在争取中。在国际 SKA 计划还没有结果的时候，等待国际结果似乎是很正常的。于是 FAST 便长时间处于罕见的预研究状态，也由此遇到罕见的困难。

在这过程中得到的支持，南仁东团队点点滴滴都记得。譬如回顾那些曾经力主支持 FAST 和拨款支持预研究的种种往事，聂跃平曾说："这些领导人，都是有眼光的。"这不是简单的感激，多年过去，这里讲的是领导者的眼光很重要。

张承民则说："FAST 能走过来，毕竟还有不少人认为，这样的项目，如果不支持，对不起国家。"这是讲到了责任感。

我看到，中国科学院及有关领导部门给予的支持非常重要，这是事实。南仁东们经历过的困难，也是事实。这后一种事实，可不可以写出来呢？我曾犹豫过。

此时的南仁东只是一个研究员，却敢以一个普通人的心志去铸国之重器。重要的不是他做出成就之后的鲜花和掌声，而是他此前克服的艰难。得到的支持属于外因，更重要的还是内因。内因中最耀眼的光芒就是踏破万难的足迹，这是普通人在艰辛中需要的阳光。

5 既是司令也是兵

预研究中写出的报告，不是凭本人已有的知识就能写出来的。庞大的FAST工程的预研究、可行性论证，要请很多专家。由于长期处于缺经费的状态，南仁东总是尽可能找便宜的旅馆让专家住。由于方方面面厉行节省，南仁东获得了一个著名的“铁公鸡”称号。

在宾馆开会吃饭是要钱的。南仁东还自带干粮——还是饼干，就像他在贵州大山里选址一样。你相信吗？

请专家论证，有国内外专家。吃饭除了宾馆的自助餐，总要请人圆桌吃饭一两次，边吃边谈，也联络感情。这时总是选择小房间，只安排南仁东一个人陪。

南仁东席间要抽烟，他说不影响大家，就出去抽，叫张承民进来陪大家。此时的张承民是南仁东的助理，FAST学术秘书，还充当翻译，按说怎么也应该有他一个位子，但是——

“我们经常是两个人一个位子。”张承民说，“他出去抽烟。我进来帮助翻译和解答一些问题，顺便就吃一些。少一个位子，可以省一个人的饭钱。”

这么大的一个国家项目，节省到这个地步，你相信吗？

许许多多今天的事，都让他怀念从前在通化无线电厂和大伙儿一起搞研发的岁月。那种图纸摆在车间里，大伙儿端着饭盒边吃边说的情景，他永远难忘……日后，当FAST终于开工，几千工人进场的时候，南仁东处在工人堆里那么开心。他到工人的集体大宿舍里去，一屁股就坐在床架上，自己的青年时代就在脸上荡漾。他的博士生跟他一起去的，进去后转身就出来了，说自己“立马就被那宿舍里的汗味熏出来”。可是，南仁东就喜欢那味道。你相信吗？

今天，他的学生们回顾南仁东，都说南老师特别能吃苦，特别节约，跟工人关系好，特别平易近人。这些都是事实，但也许不容易理解——南仁东在与工人们的相处中有真正的快乐。

但是，2005年，这个项目还在路漫漫的“预研究”中。

南仁东遇到的，还有超出经费、超出科技的困难。

在南仁东提出我国独立建造一台世界最大单口径球面射电望远镜方案，中国科学院在1999年支持启动预研究之后，南仁东就感到FAST遇到的困难逐渐复杂起来。

美国方面出现评说FAST过时的声音，这些声音传播很广，也很大。接着，国内外就有呼应这些说法的声音。这期间发生的事还有美国阿雷西博望远镜不再对外开放。南仁东去美国的申请，多次被拒签。这些事彼此之间是有关系还是没有关系？

“以前，他去过美国吗？”我问。

“去过呀！”张承民说。

“那为什么拒签？”

“不知道。”

张承民说他所知道的南仁东赴美被拒签，就有两次。

南仁东感到了有一种阻止建造FAST的力量。国内重复美国人说法的声音，比美国人说得更苛刻。也有人说这个计划是个虚假的计划，还有人说是“钓鱼计划”，慢慢钓吧……这时候，南仁东有一种“内外交困”的感觉了。

他给荷兰一位天文学家发邮件，讲了自己的想法，没想到对方说：“不行。一个连汽车发动机都做不好的国家，怎么能做‘大射电望远镜’！”对方不是他的敌人，而是相识多年的朋友。这句话撞击到南仁东心里，产生的实际效果与其说是刺激，莫如说是鞭策。

今天很多同事回忆说，那时候南仁东说自己：“我开始拍全世界的马屁！”这句给同事印象深刻的话，在南仁东事迹展里被改造为：“我开始到处游说，让全世界来支持我们。”事迹展介绍这个情节是这样描述的：

> 在南仁东提出建设 FAST 时，FAST 项目独特的设计理念在早期并不能被很多人理解。国际上的一些天文学家对中国有偏见。为了获得更多人的支持，无论在国内还是国外，无论大会还是小会，南仁东逢人就讲大射电项目。他满怀激情、不厌其烦地向不同的人解释 FAST 的每一个创新概念。用他的话来说就是：“我开始到处游说，让全世界来支持我们。”

他曾说，FAST 的作用，有一种是能探索宇宙中的暗物质、暗能量。现在，他感到地球上有一种暗势力在阻止中国建造 FAST，这个从来不求人的人，就像豁出去了，到处讲大射电，请求支持 FAST。

中央电视台邀请他到《百家讲坛》讲世界上有关探测地球以外理性生命的内容，起初南仁东一口就回绝了。因为他一贯不愿意抛头露面，而且极端舍不得时间。但考虑到可以利用这个大讲坛介绍大射电望远镜，他又答应了。于是，2004 年 5 月 6 日，他在央视《百家讲坛》讲述《寻找地外生命》。

有人说，FAST 代表了中国科技的长征。

为什么？因为我们每走到一个地方，都在宣传 FAST 对中国科技创新、文化教育、产业升级和经济发展的意义；因为我们一直在凝聚中国科技界、产业界顶尖的团队加入联手建造“大射电”的队伍中来。

不要问这是谁说的，你就看像不像。

从 1993 年得知国际 LT 计划开始，南仁东就自掏路费，从东北到东南再到西北，一家单位一家单位去谈，先后联络了全国二十多所高校和科研院所参与；万山深处选址，贵州省的支持与合作，会聚无数农民积极参与；开工后，参与进来的各路劲旅就更多了；竣工后，当地建起中国最好的天文馆，每年前往接受熏陶的青少年从数十万到百万计……FAST 工程的艰辛挺进，像不像中国新科技时代的宣言书、宣传队、播种机！

但是，2005 年，主持 FAST 的南仁东还在非常的困境中。

FAST 尚在母腹，已经遭到国内外人士的攻击。

南仁东感觉到了这个胎儿有被扼杀在未出生之时的危险。

他像个保卫胎儿的孕妇，不断地跟各种人士说，这孩子将来是很有出息的。他说：通俗地讲，大望远镜像猫头鹰的眼睛，那种很多小望远镜组成的阵列像蜻蜓的眼睛，各有千秋。蜻蜓是世界上眼睛最多的昆虫，具有空间分辨率高的优点。FAST 类似猫头鹰的眼睛，对微弱信号的探测，灵敏度极高，理论上是目前能探测到最远天体的望远镜。做这个世界最大的射电望远镜，对综合条件的要求也是最高最难的。

他不仅在国内奔走，还去国外奔走。

在国内奔走的时候，坐在绿皮火车里，有人问他：“你是不是搞推销的？”他笑了笑，回答说：“是的。”

去国外奔走，负责买机票、与他同行的经常是张承民。南仁东带的香烟多，还有东北的土烟，在国外过安检时常被拦住，开箱开包检查。他把箱子和包都交给张承民。张承民提着南仁东的箱子和包过安检没事。可是，南仁东空手过了安检，那狗还追着南仁东不停地嗅。

南仁东一向不要别人照顾，但跟他出差的张承民已经感到自己要照顾他。张承民发现他吃安眠药，不吃就睡不着，吃少了还睡不着。为了节省，他们经常是同住一间。早晨闹钟响了，他发现南仁东没有动静。

“南老师——”他小声叫道。

没有动静。

闹钟继续响着，南还是没有动静。

闹钟叫不醒他。张承民起来把南老师叫醒。

有的国家不允许两个男的住一间房，他们就得开两间房。第二天早上，他去叫南仁东，叫不醒就敲门，还敲不醒就把服务员叫来，把门打开进去。

跟南老师出国的日子里，张承民已经感到南老师每天都靠一种精神、一股劲，支撑着身体。他生怕哪天早晨南老师醒不来，那怎么办。他说自己“每天都提心吊胆的”。

“在国内出差，你也跟南仁东同住一个标间吗？”我问。

“那有什么奇怪？”张承民说，“我还跟南老师两人睡一张大床，盖一床被子，我跟彭勃也盖过一床被子。我们有床铺睡，算是条件好的，学生们睡在房间的地上。”

2005 年春的一天，在去科技部的途中，南仁东突然在车里坐不住了，在后座歪着躺了下去。

“胸部很难受。”他说。

南仁东从不叫苦叫累，有非常的忍受痛苦的坚忍。现在他说“很难受”，坐在前座的张承民立刻意识到不是小事，立刻对司机说：“去医院。”

平日，张承民也跟南仁东建议过上医院看看。“没时间。”南仁东总这样说。现在张承民“去医院”三字脱口而出，不容商量。司机叫宋希良，是台里的老司机，也非常了解南仁东，立马就往就近的中关村医院去。

中关村是我国科学家最多的地方。1953 年，国家选址中关村建“中关村科学城”，一大批科研院所和大专院校相继迁入中关村。中关村医院位于海淀区中关村南路 12 号，建于 1957 年。那时中关村周围都是大片农地，当初建这所医院主要就是为科教人员服务的。今天它是一所二级甲等综合性医院，是个较小的医院，患者不很多，一般去了就能看上病。

到医院，医生开单去拍片、抽血化验，检查了一圈，然后得到一堆化验单和报告单，有的结果还没出来。

“没发现情况是吗？”我问。

“发现了，认为有情况，但不能做结论，需要专家会诊。”

“那就请专家会诊呀！”

“那得交一笔钱，然后请大医院的专家来会诊。”

既然这样，那不如直接上大医院。于是司机宋希良开车直接去大医院，宋和张两人都不容南仁东说“算了”，都坚持去，这就去了北医三院。

北医三院是三级甲等医院，很大的医院。一看医院大厅里的介绍，这医院里有中国科学院院士、科技部“973”首席科学家、教育部“长江学者特聘教授”、卫生部突出贡献专家等等。医院内的博士点就有 28 个，在岗博士生导师 55 人。科研医疗力量都雄厚。日均门诊量近一万人。这里看病的人可以用“人山人海”来形容，排着很长的队。南仁东一看就说：“走走走，没法看！”

“南老师别急。我去问问。”张承民转身就去了。

张承民去问了一圈，告诉对方南仁东是很重要的天文学家，正在主持国家 FAST 工程……人家没听说过什么是 FAST，但是很重视科学家，告诉他，你可以拿院士证来，马上就优先安排专家看，一路绿灯。可是……南仁东不是院士。张承民再次说，南老师虽然还不是院士，但他是很重要的天文学家。对方说抱歉，我们只能按规定办。

司机宋希良听了这个情况，当时脱口说了句“叶叔华是院士”。张承民在一份建议书里见过这姓名，知道是天文学界的，就说我们能不能去叶叔华那里借个院士证来用一下。南仁东一听就发火了：“回去！我又不看妇科。”

于是回来了。那已经是下午四点多，科技部也没有去成。张承民那时回国不久，不知道叶叔华是女院士，也不知道要是院士看病有优先，要是交钱也可以特请专家会诊。

“可是，时间、金钱、院士，这三样，南老师都没有。”

他说自己陪南仁东去医院去过两次，都是车走在半路上，南仁东觉得不行了，顺道就拉他去的医院，最后都因为没有时间等，没有看成。

“我后来回想，”张承民说，“南老师生病不是在 2015 年查出肺癌的时候，他至少 2005 年就有情况了。FAST 是个有挑战性、冲击性、超越性的项目，他承担着巨大的压力。他是长期疲劳不堪，积劳成疾的。他自己其实有感觉，他怕一旦查出大问题，那 FAST 怎么办？他能躲就躲，每次都是肺特别难受，痛得喘不过气来，感到过不去了，才同意上医院。可是缓过气来，还没轮到他看病，就又走了，不看了。”

他在告诉我这些的时候，我能感觉到他满眼都是当时的南仁东，所谓“历历在目”。他还说：“有些事，只有我看到了，我也不知道该不该跟你说。”我说，你尽管说吧，至少让我了解。

FAST 虽然还没有正式立项，但在中国科学院的支持下，在一批前辈和中青年学者的努力中，它如同穿着草鞋跋涉的长征，早已启程。这个注定会写进中国科学史的伟大工程，它的预研究，正是我国这一时期大科学工程探索道路的阶段。南仁东“既是司令也是兵”，一直冲锋在最前线。然而如此赞扬是不够的。它的辉煌是因为有泪也有血，滴在那跋涉的脚印上。

6 这里是战场

我要复述只有张承民曾经看到的“有些事”了。

他说有一天夜里，他在赶一份材料，上厕所回来，听到南老师的办公室里好像有动静，就推门进去，看到南老师坐在地上抱头痛哭，那哭声是非常压抑的。南仁东见他突然进来，止住哭，抬头问他：

“你怎么进来的？”

“我一推门就进来了。”

“我没有反锁吗？”

“没有啊！”

南仁东好像想了一下，忽然吼道：“你给我滚出去！”

张承民愣住了，没有出去：“南老师，您别急。有什么事吗？”

张承民看到桌上有一份文件，是自己今天刚给他的。那上面有一个不好的消息，就是向中国科学院之外的部门去申请一笔资助，未能获批……会是这个让南仁东伤心，或者焦急吗？张承民不能肯定。那时候，不好的消息也不少。

南仁东还坐在地上，没有起来。

张承民知道南老师屁股上长了个很大的疖子，他痛得难受，索性就坐在地上让体重压住那疖子。地上凉，压久了就麻木了，他就那样坐地上工作。他叫南老师去医院治疗，讲过好几次。老师不去，担心要是做手术让他躺几天，这里的工作要误事。可是，从 1993 年到 2005 年，十二年了，他每一天都认为有重要的事。

这天，他第一次听到南老师对他说："我六十岁了，可以退休了，我没关系。可是我这些学生，他们怎么办？"

张承民愣了一下，才听出这是说，如果 FAST 做不成，这些跟他多年的学生怎么办？

"参加预研究的，还有那么多专家，怎么办？"南仁东又说。

是啊，你已知道，从 1993 年南仁东提出中国要积极争取把"大射电"建到中国来开始，就联系了全国二十多所大学和科研院所的一百多位专家。你已看到的聂跃平、王启明都把自己最好的年华、最佳的科研时间，投入这项预研究中了。整个 FAST 大系统，还有那么多专家。

听懂了南仁东的话，张承民感到心有震撼。原以为南仁东心里就装着 FAST，没想到他心里满满地装着他的学生，还有参与到预研究中的众多科研人员。这是张承民这天得到的深刻印象。他没说什么，只去桌上给南老师倒了杯开水，然后去扶南老师。这一次南仁东由他扶起来坐到了椅子上。

南仁东的忧虑，会是杞人忧天吗？

预研究就意味着有两种前途，可能成功，也可能不成功。

张承民也听到有声音说，南仁东也到点了，该"下课"了。

南仁东不是院士，到点了退休也是正常的。张承民似乎感觉到了，南仁东此时的着急和忧虑，也不是无端的。

"在这个满地都是金钱的年代，我这些学生在看星星。他们都是很优秀的人。现在跟我跑山沟，做的这些，跟经济环境格格不入。他们怎么办？你在国外十多年，你不做可以到别处去，不要跟着我受罪了。"

张承民看着依然泪流满面的老师，不知该说什么。

南仁东继续说："我们没有退路。只能往前冲，冲不过去，FAST 就是死。"

生于辽宁葫芦岛的张承民这年也四十二岁了，从考到大连去读大学，后来去香港读博士，然后去了多国搞天文研究，只在今天，在南仁东这个小小的办公室里，感到了这里是个战场。

"我年轻的时候，"南仁东说，"西方巴统[1]组织封锁我们。现在好像开放了，但关键的技术、关键的时候、关键的领域，还是封锁我们。问题不是卖不卖给我们东西这么简单，是要限制我们的发展。我们的国家也没有退路，必须从高科技冲出一条自己的路。"

在这个小房间里，正慷慨激昂得仿佛演讲的是个什么人？

有人说他脾气不好，他确实批评过很多人。

有人说他是"疯子"，有人说他是"狂士"。

他是谁？

为什么有病不去治？为什么用体重压住那个大疖子，把血迹印在地上也不去治……张承民感觉他有点像西班牙著名小说里的堂吉诃德，感觉就在自己面前，真有为理想而生的人；又觉得他更像中国的谭嗣同，是一个可以为理想而死的人。

"如果做不成，我宁愿去死。"他亲耳听过南仁东说这句话。即使是生气的时候说的，你也无法不相信那是真话。

为建成"中国天眼"，南仁东抱定坦然赴死的决心，又怎么会在意他

〔1〕第二次世界大战后西方发达国家的一个非官方国际机构，宗旨是限制成员国向社会主义国家出口战略物资和高技术。1949 年 11 月在美国的提议下秘密成立，因总部设在巴黎而称为"巴黎统筹委员会"，简称"巴统"，有十七个成员国，多数是欧美国家，外加日本和澳大利亚。

的身体！“中国天眼”就是他的生命，可以为之而生、为之而死！把自己换成它，难道有什么舍不得吗？

所以，更真实的心音不是死，而是要抓紧生命还在的一切时间，投入天眼的建造中去。这天，也许张承民体会到了，“中国天眼”，不是能不能做成的问题，而是不论能不能做成，都要竭尽全力去做。

张承民感到六十岁的南仁东猛烈地撞击了他四十二岁的生命。他头脑里还响着南仁东刚刚对他说过的一句话：“……你不做可以到别处去，不要跟着我受罪了。”就在这天，他对南仁东说：“你坚持到最后一分钟，我跟你坚持到最后一秒钟。”

7 冲击灵魂的泪水

我开始暗自惭愧。我发现自己在采访张承民的过程中，面对就在我眼前的张承民，也有一个认识的过程。

我不是说张承民难以认识，而是为什么我总对所有人给我讲述的都会存疑。这也许是采访所需要的，因为几乎每个人的记忆都可能有误，或者每个人对自己所见所闻的事情看法不同。我不是说这种一般的情况。

生于1963年的张承民，少年时也是接受过“胸怀祖国，放眼世界”的理想熏陶的。他在南仁东身边，再次感觉到理想的旋律在振奋着他时，他表述出来的，就跟当下很多人不同，跟南仁东的博士生、硕士生也不同，我是不是就能相信呢？

在这里，我不是说张承民做了什么，而是说我们失去了往昔岁月中许多美好的东西，我们的精神变得没有诗，没有远方……而南仁东在用自己的坚持，召唤它。

我开始感觉到了，在南仁东最艰难的日子里，选择张承民做他的助理，不是偶然的。那不只是南仁东需要找个人帮助工作和张承民也要找个工作的问题。如果没有一定的共同语言，要共商共谋这样一件大事，是不可思议的。

这天，就在南仁东的小小办公室里，他们敞开谈了很多。这间办公室确实很小，只有十平方米左右。谁会相信，这是计划建造世界最大射电望远镜的首席科学家的办公室呢？而且，这是在二十一世纪。彼此交谈的时候，张承民甚至能听见南仁东说话中的呼吸声。但是，就这个办公室里的海阔天空，可以在星际间航行，可以飞扬到无垠的宇宙。

我无法完全复制出他们那夜的交谈，但整理采访笔记，综述出交谈的内容，大致不错。以下也包括一些背景情况的介绍。

张承民在国外十多年了，回来后也暗自努力要适应国内的环境。他是一个在学生时代做作业善于解题的人，这种解题的自信，他在出国后也一直运用于学习和研究。现在用于适应国内环境，遇到难题他不抱怨，只想怎么解开这难题。但是，他在“助理”南仁东的日子里，还是强烈地感到了，有不少“难题”可能是不必要做的。譬如他说：“大量的青春都耗在申请中，耗在各种各样的行政审批中。”

这天，他还对南仁东这样说：“每走一步，都是等待、期望、失望……你爱FAST，就像恋爱，恋爱十多年了，好像总在爱与失恋中煎熬。”

“可是，还得爱！”南仁东说。

这天，南仁东胃不舒服了，他好像是不大同意张承民说的“失望”，他说：“我有等待，但没有失望。”南仁东拿出苏打饼干，就着热水吃，又说：“有句话讲得很好：不要问国家给了你什么，要问自己为国家做了什么。”

张承民告诉我，那天，南仁东是捂着胃说这句话的。当时，他听了没说什么。但南仁东去世后，他很想告诉南老师，想对老师说：“我们没有为国家做什么，但我们经历了与国家共同艰苦奋斗的历程。这光荣的历程，我们分享了。”

他说他感觉FAST之路，很像是中国的复兴之路，充满了艰辛，有我国自身的困难，也有外部的封锁和堵截。

“你所见过的，国外项目怎么做？”南仁东问。

“您知道的呀，大项目是自上而下，找人来做。”

这天，还谈起了他们都见过的梵蒂冈西斯廷教堂的穹顶画，那是罗马教廷请米开朗琪罗来画，才有那样不朽的杰作。南仁东讲到了他羡慕邓稼先那一代科学家。邓稼先专心科研就行。需要什么，国家举全民族之力，那多好啊！那一代科学家隐姓埋名来到荒漠戈壁，非常了不起。如果FAST不必科学家去申请经费，派去做，就是永远不要南仁东这个名字，他也是心甘情愿的。

他们还谈起郑和下西洋那样的壮举，不是郑和申请项目。但是，欧洲航海家哥伦布，是到处寻找资助，完成横渡大西洋。麦哲伦也是怀抱理想，寻求资助，完成环球航行。

南仁东不仅被称为“铁公鸡”，还有个“丐帮帮主”的名号，因为他到处寻求资助。这是平日里学生们在自嘲中也屡屡说到的。但现在南仁东说：“我们自己有问题，要好好反省。”

自己有什么问题，怎么反省呢？

他不是不懂“潜规则”，但他蔑视一切“潜规则”。

他不向任何邪恶势力妥协。问题在哪里呢？

张承民告诉他：“外国朋友也说你不是常人。”

“那是什么？”

“是超人。”

南仁东苦笑一下。

张承民还告诉他："有个朋友对我说，你们这项目不知道明天会怎样，只顾一个劲地往前冲。"

"这是对我们很大的表扬。"南仁东说。

"怎么是表扬呢？"

"世界上有一种事，不管能不能做成，都要去做。FAST 就是这样的事。"

张承民说，说这话的人没有这个意思。南仁东说自己想起了"两弹一星"……话说到这儿，许多记忆打开，许多思考也涌出来，分不出对话，只能综述了。

先是南仁东说，当年中国的科技条件、经济条件都很落后，有条件搞"两弹一星"吗？那个年代有一句大家都很熟悉的话："有条件要上，没有条件创造条件也要上。"这是一个工人说的，他就是石油工人王进喜。是什么样的时代，能让一个工人说出这样的话？那正是帝国主义封锁我们，并对我们进行武力威胁和核讹诈的年代。如果那时候认为我们缺乏搞"两弹一星"的条件，没有排除万难地去做，中国有后来的安全环境吗？

毛泽东那一代领导人，为保卫国家安全，维护世界和平，果断做出了独立自主研制"两弹一星"的战略决策。有了"两弹"还是不够的，"一星"是什么？人造卫星。那是攀登天空的事业。1970 年，我国用"长征一号"运载火箭，成功地发射我国第一颗人造卫星。这意味着什么？意味着中国的制导技术、运载技术，能到达太空，就能到达地球上的任何地方。

"两弹一星"是在非常艰苦的环境下，完全依靠中国人自己的力量研制的。成就那"国之重器"最宝贵的财富就是"自力更生，奋发图强"。

今天回顾 FAST，不少人说，十多年在大山里选址最辛苦、最难。但是，为选址走了最多路的聂跃平说："吃苦那些都没关系，关键是天文台开始做这个项目的时候，并没有固定的经费支持，只是一种设想，大家觉得可以做，就开始了。这个项目，南仁东同时要开展很多个领域的研究，选址只是其中一个。当时的经费实在太少了，找经费支持最难。”

许多回顾都说到，脚可以走到的、体力可以做到的、脑力可以做到的，都不难。就是说，选址、科研，自己可以做到的都不难。审批权不在自己这里，要审批的最难。可是，没有审批行吗？许多往事都在促使人们考虑，无论是国家层面，还是科研人员，都需要找回“自力更生”，以“自力更生为主”来搞我们的科研。

这些年我们在“引进”中沉浸得太久了，“引进”容易让你不知不觉地沉湎于依赖。南仁东说我们自己也有问题，要好好反省。我们最初也觉得自己没有足够的力量搞“大射电”，最大的雄心就是争取把“大射电”引到中国来做，我们寄希望于借助国际力量。这个“寄希望”已经十二年了，还没有着落。

是没有动静吗？不是。

南仁东曾去过荷兰、日本、美国、英国和意大利等多国的天文机构做客座研究，有不少国际朋友。张承民在巴西、澳大利亚等国的天文机构做访问学者、搞客座研究十多年，也有不少国际朋友。他们从往来的电子邮件中，已陆续听到对中国申请 SKA 不怎么有利的信息。有些发达国家，尤其是强势国家，宁可让 SKA 做到非洲去，也不会同意做到中国和俄罗斯。俄罗斯在这件事上没有申请，中国将是有些国家防范的对象。

我们不放弃继续争取国际 SKA 工程，但我们不能在等待中继续贻误时间。我们在 1997 年就已经提出了独立建造 FAST 的设想，到现在八年了。我们有理由相信我们的国力，相信我国科学家群体的研发能力，还有人民群众的力量……想起贵州选址的十多年，所到之处，政府和人民都那么欢迎。张承民还说起大窝凼的猴子，南仁东曾用他的饼干喂猴子，猴子一点儿都不惧怕。那里从未有人伤害过猴子。“大窝凼的猴子都对你依依不舍。”这是说南仁东走的时候，猴子们还跟来……这也说明那里僻静的自然环境好。最令人难忘的是那里农民修的路。尽管南仁东再三嘱咐“还没确定，不要急于修路”，普定农民、平塘农民，还是踊跃地把通车路修到了尚家冲，修到了大窝凼……“那路，要按照市场经济，几千万元也修不出来。”政府只是给修路农民发了粮食和棉花，那是贫困地区，政府也困难。然而，那里的人民依然像当年支持搞“两弹一星”时期的人民那样，只要说是国家大事，对家乡有利，能做什么就做什么，这是西方的金钱社会所看不到的……最重要的是，为什么，FAST 是我们无论如何都必须去做的呢？

我们处在世界天文学进入射电望远镜时代的年月。通俗地讲，FAST 本身是基于无线电的信息技术的尖端集成，它探测遥远的天体，追踪时空，凝聚的技术却与我们在地球上的生存与生活息息相关。仅就科技而言，它代表着进一步从传统技术向二十一世纪更高的信息技术新的转型。去实现它，意味着国家在通信、雷达、电子、深空探测、地空联络、数据处理、精密仪器、大型机械、激光制导，以及对空间的掌控能力等方方面面，都将深受影响而升级换代，并促使国家军事、国防、工业和商业的发展。这里的“大尺度”，是全球性的、地空的、多维的。这些能力是国家综合实力的重要标志，谁掌握了这些前沿的科技能力，就拥有科技战略的制高点。FAST 经过十多年探索，除了科研本身，我们还能为科研路线提供一种怎样的经验呢？

真正的经验早已存在，就是“自力更生，奋发图强”，就是要有科技自信，凝聚人民力量，发挥社会主义优势。这是南仁东用冲击灵魂的泪水浇灌出来的强烈认识。他决定给中国科学院再写一个报告，提出要向国家申请 FAST 立项，依靠中国人自己的力量来建造这个大科学工程。

第七章

是诺曼底还是滑铁卢

南仁东力图把国际SKA项目争取到中国来建设，已经第十二个年头，尚无结果。这个冬天好像特别寒冷，南仁东又到贵州选址现场去了。从贵州回来，快过年了。这段时间南仁东吃不下、睡不着，肺部又剧烈疼痛。张承民又带他去了一次医院，他拒绝做各种检查，说没时间。这年7月，中国、澳大利亚、南非、阿根廷四国团队将进行SKA项目的最后竞争。8月，南仁东与贝尔在布拉格首次见面。

1 关系 FAST 前途的国际评估会

南仁东的报告很快有了回音。

随着信息时代到来，我国投入的科研有很多，仅从中国科学院系统看，需要支持的有空间项目、高能项目、海洋项目、卫星项目、航天项目、新能源项目、新材料项目，以及环境治理等方方面面的项目，中国科学院还是把 FAST 放在突出的位置来支持。

2005 年 9 月，中国科学院先组织召开了“FAST 建议书专家评审会”，参加评审会的专家有苏定强、陈述彭、欧阳自远、黄克智、张杰等院士，以及佘京兆、段广洪、李志刚、金铎、吕善伟、申仲翰、韩京清、石赫、何香涛、吴鑫基、梁世光、史生才、赵永恒等教授和研究员共十八人。由于 FAST 预研究和相关的研究报告做得较充分，项目顺利通过了评审。

11 月，南仁东在中国科学院院长办公会上提出要向国家申请 FAST 立项。院长路甬祥、常务副院长白春礼明确表示支持。会上提出，为了使 FAST 项目更扎实，需要组织一个国际评估和咨询会，请世界上相关领域顶级的专家来评估。如果有些什么疑问，可以在这个会上通过咨询研讨得到解决，从而使这个项目更好地通过国家审批立项。

会后，南仁东立刻组织学生投入筹备。张承民和南仁东的学生们为完善诸多研究报告的文本以及翻译成外文，做了很多工作。这时候南仁东的学生有从 1997 年起先后到来的博士生金乘进、张海燕、苏彦、朱文白和朱丽春，已获得博士学位的张海燕，还与南仁东共同担任王保田、齐经武的硕士导师，还有硕博连读的孙京海等。

学生们看南老师下班时间到了，仿佛没有下班的概念，仍在工作，感觉到老师正承受着很大的压力。有人说出："这次国际评估会要是成功了，就是诺曼底；如果失败了，就是滑铁卢。"

"绝不能是滑铁卢。"南仁东说。

他说我们要以此为动力，全面检查 FAST 这个项目的子项目，检查它的方方面面，进一步完善它、提高它。但张承民也感觉到了南仁东承受的压力，感觉他仿佛在接受一场审判。

国际顶级的有关专家到底会怎么看，怎么评估？不排除他们也会受各种因素的影响。他们的意见是举足轻重的。要是提出不同看法，指出确实存在的问题或者不足；或者即使不否定，只说尚有疑问，遭遇滑铁卢也未可知。不管怎么看，这都有如要经历一场考试。这个冬天好像特别寒冷，筹备工作不仅在北京进行，南仁东还要到贵州选址现场去。

从贵州回来就快过年了。这段时间南仁东吃不下、睡不着，肺部又剧烈疼痛。张承民又带他去了一次医院。到了医院，南仁东算是耐心地等到了看病，但是没有耐心去做各种检查，只是简单地看了看，开了一些药就回来了。

2006 年到来。这是决定 FAST 命运非常重要的一年。

春天，在北京友谊宾馆楼前楼后枝繁叶茂的时候，"FAST 项目国际评估与咨询会议"就在这家园林式宾馆召开。这家宾馆建于 1954 年，前身是国务

FAST 项目国际评估与咨询会议　（中国科学院国家天文台供图）

这是关系中国 500 米口径射电望远镜前景最高级别的国际会议。会标上的英文写着“FAST 项目国际评估与咨询会议”，2006 年 3 月 29 日至 4 月 1 日在北京友谊宾馆召开。有十一位外国顶级天文学家、六位中国院士参加。南仁东用英语主讲。会议主席是美国国家射电天文台台长鲁国镛，副主席是中国科学院院士、国际天文学联合会副主席叶叔华。

院西郊招待所，主要用于接待在京的苏联专家。后来举办过国际科学院院长会议、国际档案大会、中美工程技术研究会等国际性会议。宾馆紧邻北京知名学府、科研机构和中关村。会议的主办者是中国科学院基础科学局。

会议于 3 月 29 日开始，4 月 1 日结束。

会议一共有十七位专家出席，其中十一位是外国专家。

会议主席是美国国家射电天文台台长鲁国镛。

澳大利亚的罗纳德 · 艾克斯是国际天文学联合会主席。

另一位来自美国的天文学家罗伯特 · 布朗，曾担任美国 305 米口径阿雷西博射电望远镜的天文和电离层中心主任，还担任过美国国家射电天文台常务副台长。

汉斯 · 卡彻是德国 100 米口径射电望远镜的总工程师。

英国的彼得 · 威尔金森，是国际 SKA 项目提出人之一。

另有来自荷兰、加拿大、日本的专家。从这个阵容可以看出，的确都是世界顶级的天文学家。

还有六位中国专家，他们是——

叶叔华：中国科学院院士、国际天文学联合会副主席，曾任上海天文台台长。她是本次会议副主席。

郭宝柱：国际宇航科学院院士、曾任中国国家航天局副局长。

黄克智：中国科学院院士、清华大学工程力学研究所所长。

周勤之：中国工程院院士、中国静压轴承开创人之一。

沈世钊：中国工程院院士、大跨空间结构专家。

欧阳自远：中国科学院院士、第三世界科学院院士、国际宇航科学院院士、中国月球探测工程首席科学家。

这些不同领域的中国科学家的出席，有利于在外国专家提出问题的时候，参与研讨。

在会上，南仁东用英语做主报告。外国专家曾开玩笑说："南仁东先生的英语不好不坏，有些话没说清楚，但他要什么，说得特别清楚。"

专家们去中国国家天文台北京密云观测站考察了预研究建造的 FAST 30 米口径索网结构缩比模型；还参观了建在密云的 50 米口径射电望远镜，它是为完成绕月探测工程任务和射电天文观测，在 2006 年刚刚建成的。

这个会议，外国专家们给出的意见是，FAST 使用的各种技术在世界上不同的工程都有成功的例子，但集于一体尚无先例。理论上说，这些技术世界上是存在的。但没有说中国这么做可否实现。专家们说，FAST 是前所未有的，他们的评估担负着历史责任，回去后还要仔细考虑，再给出正式的评议和建议书。

2 竞争 SKA 台址中国失利

在筹备 FAST 国际评估会的时候，张承民已被安排筹备赴英国参加 SKA 竞争的准备工作。

"我们还是要争取把 SKA 引到中国来落地。"这是南仁东对张承民反复说过的。

南仁东从 1993 年开始就是这个国际计划的中国推进委员会主任，始终没有放弃把 SKA 争取到中国来建造。国际 SKA 计划推进工作的常设机构设在英国剑桥大学。经过多年的酝酿、申请、评估等工作，2006 年夏天，将有四国到剑桥 SKA 总部去参加竞争会，并将最后由评委会决定 SKA 落地何方。

中国方面派出四人团队赴剑桥参加竞争。

实际上这是一件很大的事，如果中国做了十多年预研究的计划能够胜出，则中国的 SKA 计划，中间那个就是 500 米口径的大射电望远镜，周围数百公里范围内还有 30 多个 300 米左右直径天线构成的阵列，这是多么宏大的工程啊！

中国派出的四人团队，团长是邱育海，团员张承民、金乘进、夏跃兵。中国代表团到达伦敦的时间是 2006 年 7 月 2 日。会议正式举行是 7 月 3 日到 5 日。张承民是中国代表团的主报告人。

会议经过三天激烈的竞争答辩，评估，投票。报告和答辩，各组都是分开进行的，互相看不到。答辩会结束时，四国的排名是：澳大利亚、南非、中国、阿根廷。

这个排名不是最后的结果。但在这排名中，中国已不占优势。各国代表回国后，还要经历通过网络进行的进一步回答问题。最后的结果尚待 9 月公布。

当张承民回国把详情告诉南仁东后，南仁东有好几分钟没有说话。虽然这个排名在他心里不算突然，但这几分钟沉默，还是让人感到超乎寻常的沉重。怎么理解他呢？

我感觉，用爱国来理解南仁东，恐怕是不够的。一个热爱天空、热爱探索宇宙的科学家，爱国和爱人类，都是他心中深刻的爱！他痛恨侵华日军，但他到过多国做客座研究，为什么只在日本时画了《富士山》油画送给日本天文台？我不知道他怎么想的，但我感觉那里面有他的人类情怀。

想象一下，中间一个 500 米口径的射电望远镜，周边数百公里还有 30 多个 300 米左右直径天线构成的阵列……“如果能把 SKA 工程建造在中国，对人类的贡献是非常大的！”这里有他宏伟的梦想、真实的心音。

看来，中国的 SKA 计划遭遇了滑铁卢。

还有可能争取吗？

3 国际天文学大会，2006 年

2006 年 8 月，在捷克首都布拉格举行的国际天文学联合会第二十六届大会，是我在这本传记中必须记述的。

我应该记下的大事有三：一是南仁东在本届大会当选为国际天文学联合会射电天文分部主席；二是南仁东与贝尔首次会面；三是贝尔主持的一个会议，经天文学家投票表决，把曾经被列为太阳系第九大行星的冥王星开除出去。

先说这个大会的组织者是国际天文学联合会（IAU）。它于 1919 年 7 月在比利时布鲁塞尔宣告成立。1922 年在意大利罗马召开第一届天文学家大会，此后每三年召开一次，会期两周，堪称天文学奥林匹克。迄今每届有两千多名天文学家到会，讨论 IAU 整体的活动方针，发表研究成果，召开各种研讨会，以及遴选新一届负责人和执行委员等。本届大会在布拉格国际会议中心召开。

就是在本届天文学大会上，南仁东被选为国际天文学联合会射电天文分部主席。你知道，人类天文学经历过用肉眼观天、用天文望远镜观天和用射电望远镜巡天的时代。中国古代天文学无疑是先进的。到二十世纪，中国天文学会成立于 1922 年 10 月 30 日，设会所于北京古观象台。1935 年，中国天文学会加入国际天文学联合会。进入二十一世纪，南仁东被选为国际射电天文分部主席，这不是小事。北京南仁东事迹展对此表述说：“这是中国天文学家第一次在此层面任职，在国际射电天文界得到同行的广泛认可与尊重。”

南仁东事迹展里还写道，南仁东是在“本人不在场的情况下被选为射电天文学会主席”。

南仁东的妻子郭家珍告诉我：“他那次出国，先后去了两个国家，表决时他刚巧在另一个国家，是一位日本人打电话告诉他当选的消息。”

由此更可见南仁东在国际射电天文学界的影响。南仁东随后参加了这次大会，并在这次与乔瑟琳·贝尔见面交谈。贝尔是世界上第一个发现脉冲星的人，南仁东给学生们讲射电天文学、讲脉冲星时言必及贝尔，但还没有见过贝尔本人。2005 年贝尔曾经到中国，提出要见南仁东，可是没有见到。

“南仁东当时在贵州的大山里。那选址的山洼，手机信号都太差，一直没有联系上。”当时接待贝尔的是张承民。

这次在布拉格，贝尔也来了，贝尔在国际天文学联合会的妇女天文学委员会任职。南仁东吩咐张承民与贝尔联系，约请会面。

在布拉格国际会议中心的宴会厅，当地政府邀请天文学家参加的招待会上，张承民找到了贝尔，表达了南仁东的愿望。贝尔说：“这也是我的愿望。”

欧洲通行的此类招待会，是一种便于与会专家们相互认识与交流的自由形式。就在这个宴会厅，按照西方的方式，张承民把南仁东介绍给贝尔，于是两人见面了。

我想说这是一次历史性的见面。就在布拉格国际会议中心五楼宴会厅，两人一见如故。在宴会厅的一角，他们坐下来交谈。贝尔已知南仁东提出的“雄心勃勃的 FAST 计划”。南仁东表示，期望听取她对 FAST 计划的建议和科学期望。贝尔对中国政府的科学政策和南仁东的积极进取，均表示赞赏，并期望 FAST 早日建成。这次交谈约一个小时。最后南仁东邀请贝尔在方便的时候访华。

此后，贝尔不论在国际上，还是来到中国，都热情支持中国 FAST 的建设，发表了很多赞扬 FAST 的言论。

南仁东一直很欣赏贝尔的“铁娘子”性格。

三十九年前，贝尔是事实上的全球第一个发现脉冲星的人。诺贝尔奖的评委把发现脉冲星的诺奖颁给了她的导师，对贝尔视如未见。欧洲许多

南仁东与贝尔在布拉格　　（张承民 摄）

2006 年 8 月 12 日—24 日，国际天文学联合会第二十六届大会在捷克首都布拉格举行。南仁东与乔瑟琳·贝尔在此首次见面。南仁东在本届大会上被选为国际射电天文分部主席。贝尔在本届大会上主持了对大行星的定义，进而通过投票方式将冥王星从九大行星之列除名。

年轻人也把那一届诺奖称为真正的“NO 贝尔奖”，意为“没有贝尔的奖”。这看起来是个文字游戏，但反映了这件事影响广泛。贝尔有许多同情者和崇拜者。她本人对此没有发出任何声音，继续从事天文学研究，后来获了十多个国际奖项。她还应邀到世界各地去讲学，搞科普。在欧洲从事科普是广受尊敬的。

她一生都刚直，坚持正义。她被英国皇家授予爵士，有“铁娘子”之誉，她的性格在本届天文学大会上再次得到展现。

本届会议日期是 8 月 12 日—24 日。就在会议的最后一天，由贝尔主持的一个会议，讨论多年来未能解决的“冥王星问题”。

冥王星是美国天文学家克莱德·威廉·汤博（Clyde William Tombaugh）在 1930 年 2 月 18 日发现的。

关于行星，中国古代很早就观测到天上的五大行星，并以金、木、水、火、土命名。还将五星称为“五纬”。汉语里的“经纬”，南北之道谓之“经”，东西之道谓之“纬”。五纬描述的是五星在天空分布的状态。古书中的纬象指星象，纬星指行星。因观测到它们的运行，称之“五行”，运用于对万事万物运动规律的研究，对人体健康和中医学的研究，五行学说就从天文学延伸到哲学、医学等领域。这五星加上地球本身，就是六大行星。十八、十九世纪，欧洲天文学家发现了天王星和海王星。太阳系就有了八大行星。1930 年 3 月 24 日，随着美国人汤博报告的这颗星被命名为“冥王星”，太阳系就有了九大行星。这个消息当时在世界上引起了轰动。

随着新的天文发现，冥王星的地位开始被质疑。1930 年发现冥王星时认为它的质量比地球还大，才列为大行星。后来发现它比月球更小。可是“九大行星”早已写进教科书，全球家喻户晓。但是，多年来很多天文学家认为它就是太小，不够作为大行星的资格，提出要把它排除出去，却又一直未能实现。

冥王星是美国人发现的唯一行星，美国人很维护它。2005 年，美国天文学家迈克尔 · 布朗发现了被命名为“厄里斯”的行星，它的直径比冥王星还大约 113 千米。有人说，既然它比冥王星还大，它就应该被称为“第十大行星”。如此，2006 年的国际天文学联合会第二十六届大会，就不能不对这个问题有个明确的说法了。

这届大会，贝尔主持了对大行星的正式定义。在新定义中，冥王星和新发现的厄里斯都不符合大行星标准。当然也有人反对。贝尔和一批天文学家主张投票表决，不同意者可以投反对票。

结果如何？

就在 8 月 24 日下午，国际天文学联合会第二十六届大会通过决议，决定由天文学家们以投票表决的方式来决定冥王星的归属。依据投票结果，大会宣布正式将冥王星从九大行星之列除名，降级为“矮行星”。自此，太阳系只有八大行星。

消息发布后，引发了很多美国人对“冥王星”的同情，还有人迁怒于迈克尔 · 布朗，认为是他发现了“厄里斯”，导致连累“冥王星”。美国伊利诺伊州政府还发表声明，说冥王星被不正确地“降低了地位”。但在贝尔等大多数天文学家的投票抉择中，这是不含糊的事，因为这是判定冥王星是不是“大行星”的问题。

4 命运交响曲

2006 年 9 月，国际 SKA 计划推进工作委员会发布了决定，在 SKA 阵列建造地点的激烈竞争中，中国与阿根廷被排除，SKA 台址将在澳大利亚和南非选出。后来由于某些因素，SKA 阵列项目最后确定为双台址，在澳大利亚和南非建造。

再后，根据澳大利亚的提议，这个阵列将最远延伸至新西兰。根据南非的提议，碟形天线将建在纳米比亚、博茨瓦纳、莫桑比克、马达加斯加、赞比亚、毛里求斯、肯尼亚和加纳。

这个项目预计于 2024 年前后完工，但真正投入使用还要等到 2030 年底。中国在台址竞争中失败，但中国仍然是参与 SKA 平方公里阵列建设的成员国。目前，国际 SKA 组织正式成员国有十一个，分别是：澳大利亚、加拿大、中国、德国、印度、意大利、新西兰、南非、瑞典、荷兰和英国。

这年 11 月，FAST 国际评估会的外国专家意见书来了。

各国专家的评估意见是集中到本次国际会议主席鲁国镛那里去的，由鲁国镛汇总，再给出明确意见，递交给中国科学院。

鲁国镛生于香港，是一位美籍华人。在美国，他是一个支持中国建 FAST 的声音。鲁国镛在与会专家评估意见书的结论中明确写出：FAST 项目可行，建议尽快立项和建设。

南仁东看到这个评估意见，眼泪掉下来了。他说，这个身为美国国家射电天文台台长的美籍华人，仍然爱自己的祖籍国。

至此，国际 SKA 计划不会放到中国来做，已经明确。

FAST 项目的国际专家评估意见，也明确了。

中国科学院着手正式申报 FAST 立项。

2007 年 7 月，国家发展和改革委员会批复 FAST 工程正式立项。

南仁东团队，一片欢呼。

但是，南仁东无喜无悲。

因为，FAST 立项，只说明现在要去做这个艰巨的工程了，要完全依靠中国自己的科技力量去做这个工程。面对的难度，并不是更小。

张海燕曾这样说她的博导："南老师总说他是悲观主义者，可我们觉得他是理想主义者。"我想这二者都存在于南仁东身上，才构成他的力量。即使你有气吞山河的自信，你仍然要重视面对的困难。学生们曾经说的"是诺曼底，还是滑铁卢"，这个问题并没有消失。

这天，张承民到南仁东办公室，听到他的电脑里在播放贝多芬的《命运交响曲》。南仁东问张："你曾经给我说过，麦哲伦出发时跟船员怎么说的？"

"那是我从书里看来的。"

"废话。不从书里看来从哪里来？你再说一遍。"

"麦哲伦说，我们将开始人类历史上前所未有的航行。我们中间有些人会葬身大海，不可能所有人都回来。但是，我们将会证明，地球是圆的。"

南仁东鼓掌，一个人的掌声，从内心里鼓出来的掌声，为麦哲伦和他的船队。然后南仁东说：

"我们 FAST 团队，正向宇宙的深度进军，这也是一次前所未有的远航。我们将去证明，人类的探索，可以到达一百多亿光年以外。"

这一天，南仁东把他的学生们和团队成员都集合起来，开了一个使大家印象深刻的会。他对大家说：FAST 立项，不意味着胜利，我们只是刚刚出发，就像哥伦布、麦哲伦刚刚出发，前面还会有想象不到的风浪。

他说，按程序，FAST 项目批复，只是这个项目的可行性研究的开始。我们这里是个总部，要做好汇集全国一流科技、制造和建筑队伍的工作，要保障 FAST 各子项目中的一切细节不出错。

最后他说："我们一定不能在国家信任我们，批复我们去做这个工程之后，遭遇滑铁卢。"

第八章

秋风编织出七色锦缎

这个大科学项目，一经决定由中国人自己来建造，方方面面涌现出的力量，会以想象不到的排山倒海之势去完成它。FAST 从底部到顶部的垂直高度 138 米，口径 500 米。埃及胡夫金字塔现高 136.5 米，底座每边现长 220 米。这个世界最大的望远镜，垂直高度超过现存的胡夫金字塔。六十八岁的南仁东第一个在高高的圈梁上迎风奔跑……想象一下，在埃及金字塔塔顶的高度上奔跑，那是什么感觉。

1 秣马厉兵

FAST 项目批复了，距离开工还有很多工作要做。眼下就需要做一个 FAST 工程可行性研究报告。这个报告同样不是用头脑和电脑就能写出来的。

聂跃平作为 FAST 工程六大系统之一“台址勘察与开挖系统”的总工程师，需要再次带队去大窝凼搞详勘。

“之前，”聂跃平说，“为了批项目，我们在 2006 年搞过初勘。喀斯特它下面很复杂，你不知道哪里有地下溶洞，哪里有暗河，哪里有一个漏斗，哪里有一个管道。要是发现下面有个几十米的大洞，这个点就废了。”

“怎么初勘，钻探？”

“对，在大窝凼底部，用钻机打下去一百多米，取样。”

“那要打多少处？”

“在圈梁内打，那一圈都要打。初勘，我们打了六十个钻孔，证明了大窝凼没有大的地下隐患。项目正式批下来，我们又去打了三百个钻孔，范围是大窝凼本体和外围。”

现在，从大窝凼地下百米处取样上来的岩芯就在我面前。它们用红漆编着号，一筒一筒地排列在地面上——当然，这是照片上的。这是 2008 年夏季，现场的钻探人员有打着赤膊的。周围的地上有一排柴油桶。这是用柴油机在凼底自己发电搞钻探。这些柴油桶，这些设备，都要靠农民兄弟抬到这凼底来。

“你看打出的这些岩芯，很硬。有时候一打下去，钻头就卡在下面了。这样一点一点地打，提一次钻就得几个小时。”

接着我还知道了，当时更难的不是电，是水，要用水冷却钻头。凼底还好，这里的人家蓄有水。上面周围的山头上要立六座大铁塔，那里也要去勘探。那山头上没路，那时都是原始状态，水要从很远的地方运来，再挑到山顶去，非常难。

“勘探的重点在塔和圈梁内，但是还要往外扩，这是工程规范的要求。经过两次勘察，证明了大窝凼工程地质稳定，最深的孔打到了地下120米。”

南仁东也一次次地去大窝凼。他还牵挂“要是百年不遇的大水，凼底排水来不及，会不会被淹”。凼底的居民回忆，说祖辈都没有传下来有被水淹的说法。南仁东还是不放心。

聂跃平、彭勃、朱博勤等人都到凼底去专门考察这个问题，确认大窝凼本身有漏斗，大窝凼旁边还有一个洼地，地势比大窝凼低，那里也有漏斗。但是隔一座山。为了万无一失，最后南仁东决定，打一条900米长的隧道，接通更低的那个排水漏斗。

在照片上，我看到凼底还有两顶大帐篷，里面可以住二三十人的那种。他们在凼底施工，就住那帐篷里，即使爬到山头上去钻探，也要下到这凼底来住帐篷，因为这是最近的住处了。我还看到帐篷的边上有炊烟，感觉好像看到征战般的氛围……我也由此看到，可行性研究报告是怎么写出来的。

与此同时，贵州省得知FAST项目正式批复，从省里到黔南州，到平塘县，投入的支持力量更像是一场会战。

2007年夏秋之际，平塘县就成立了“中国天眼”项目建设工作领导小组，先后抽调了数百名干部参与FAST核心区域移民搬迁安置、土地征收，水、电、路基础设施等系列建设的前期工作。

在FAST工程可行性研究报告批准之前，这个项目本身还是没有大笔经费的。平塘县在财政非常困难的情况下，在FAST建设前期就投入3700多万元，用于建设FAST工程所需要的简易办公住房，他们称之为“科考房”；还用于建水窖，架设专用电线，这都是FAST工作团队需要用的。此外，还用于搬迁移民安置，首先要为他们在克度小镇建新居，才能安排他们搬迁出去。

为了保障“中国天眼”建设顺利推进，贵州方面提出的是“领导重视，人财物先行”。在天眼建设阶段，平塘县又投入1743万元，解决大射电10千伏临时施工用电，专门架设了35千伏从克度镇到天眼建设基地的18公里输电线路及变电站。

平塘是一个穷县，县政府驻平湖镇，全县三十多万人口，有布依、苗、汉、水等民族，以布依族居多。南仁东与聂跃平十多年前到平塘，在许多村庄看到连片的茅草房，最鲜艳的色彩就是阳光下挂满土墙的成串成串的红辣椒和金黄的玉米棒子。那时候克度还是乡，乡政府的房子也很破烂。到2007年再来，有变化，并不大。我在2003年曾到过平塘县，应邀给政府干部做过一场报告，地点在一个古庙那样的场所，会场里的多根大柱子给我留下很深的印象。聂跃平说他的家乡人民支援天眼建设，就像当年支援红军，不惜一切。

南仁东说，像解放战争时期的北方人民，“最后一把米，送去当军粮”，“我们要是没把天眼建好，怎么对得起贵州人民”？

在天眼建设后期，平塘县要对 FAST 核心区域五公里的两个镇 8 个村 35 个村民组 1794 户 8097 人进行搬迁安置，工作量和投入的资金更大，如果没有农民群众的配合，无法想象。

不仅要为他们建新房，还要为他们选择和安排产业。当然这是一个因迁徙而使他们的整个生产、生活发生转型的时期，FAST 工程正在悄然而又剧烈地改变当地农民的命运。

为了给天眼提供最佳的不受无线电干扰的环境，航龙小学要搬迁，克度一小、克度二小、克度幼儿园也要搬迁。为确保六百多名学生和学前幼儿顺利安置，县教育局领导率机关干部与克度中心校及克度镇的教师走村串户，确保搬迁后无一名学生辍学，确保搬迁校教室、桌凳、宿舍的落实。

所有这些，都让南仁东和他的团队非常感动。

在第一章里，曾写到 FAST 工程竣工之时，国际 SKA 总干事菲利普 · 戴蒙德在 FAST 现场，看到如同从天而降的 500 米口径射电望远镜，惊叹地说："我不认为任何别的国家能够做到这些。从几年前的一片荒芜，到现在可以运行，真的很伟大。"

戴蒙德的惊叹，已不只是惊叹中国科研人员的科研力量。我想起，在西方当代科研成就中，没有看到那里的民众做了什么贡献，似乎一切都是科学家的成就。在中国的 FAST 里，有戴蒙德估算不到的力量。我不能忽略 FAST 建设中，人民群众的力量。

FAST 项目一旦经国家正式批准，地方政府组织人民群众投入的支持力量、建设力量，会以想象不到的排山倒海之势去完成它。这就是中国社会蕴藏的伟大力量。

2 大窝凼人家

2008 年 10 月，国家发改委批复了 FAST 工程可行性研究报告。这一年，南仁东六十三岁。

同年 12 月 26 日，中国科学院和贵州省人民政府在大窝凼共同举行 FAST 工程奠基典礼。这一天是毛泽东 115 周年诞辰。

这是一个历史性的场景：大窝凼搭起了一个有七级台阶的舞台，鲜红的地毯铺到台阶下的地面。台前摆满了红黄相间的鲜花。舞台巨大的背景墙上端正中印着南仁东设计的 FAST 徽标，下面写着：500 米口径球面射电望远镜工程奠基典礼。奠基石上刻着南仁东写的一副对联："北筑鸟巢迎圣火，南修窝凼落星辰。"

这个"共同举办"的奠基典礼，标志着这项工程是中国科学院与贵州省人民政府共同建设的。贵州省不仅将在整个 FAST 工程建设中提供相关基础设施、人员搬迁安置等巨大的支持，还将立法保护今后这一规定区域防止无线电干扰的安全环境。

FAST 工程奠基这一天，大窝凼 12 户农民也参加了这个就在他们家门口的典礼。此时，他们尚未搬迁。为他们在克度镇上新建的家，正在建设中。不久，他们就将告别这个先人开辟的家园。此刻，我想该介绍一下这个世居在大窝凼里面的神秘聚落了。

2017 年冬天的一个夜晚，我在克度镇上寻问到了杨天明。他就是第一次带聂跃平和朱博勤去大窝凼的那位当过靛塘小学校长的大窝凼人。他的新居是两层的小楼，据说有三百多平方米。

"杨校长，您是哪年搬过来的？"

“2009年。我是首批搬出来的。”

“全部迁出来是什么时候？”

“2010年。”

“房子不小呢，您一家几口人？”

“七口。”

在他家一楼的厅上，我们的交谈就这样开始了。随后我知道了，杨天明生于1962年4月，四岁才第一次出大窝凼，到靛塘村去吃酒。靛塘有一条小街，有赶集。他第一次看到有这么大的地方、这么多人，有不同的东西吃，还看到电灯，他很惊讶。

“你刚才说到靛塘吃酒，走亲戚吗？”

“外婆家在靛塘。”

我于是知道了，杨家人在大窝凼里娶的都是外面的女子做媳妇。接下来的对话中，杨天明告诉我，凼里的人家都有水稻田，山边也种玉米。牛、羊、鸡、鸭、鹅全有，每家一条狗。放养的鸡，每家二三十只。他家人多，养了二十多头猪，是养得最多的。有专门收猪的人来凼里宰杀了，把猪肉弄到镇上去卖。1996年，南仁东第一次到大窝凼，就对凼里人说，你们可以从外面牵电线进来，有了电，整一口“小锅”就能收看电视了，跟外面的世界就联系上了。凼里人商量，觉得有道理，就集资到外面牵电，买电线杆，请人架电线，也自己投工投劳，1997年凼里就有电了，也看上电视了。

我问凼里既然有电，他们搞钻探为什么还用柴油机发电？他说牵到大窝凼的电不稳，经常停电，用它钻探不行。他说南仁东带队到大窝凼也住过他家，最多住十多人，吃饭两桌。少的时候三五人。

他小时候从凼里出来读书，都是带饭吃的。在附近的村小读到五年级，然后到航龙中学读到初二，1983年到靛塘小学当民办教师。靛塘小学建在半山坡上，有两百多名学生。他在这里当了校长，教六年级，一共执教十八年，还是民办校长，因计划生育“超生”，转不了正。后来回家带孙子。

聊到这儿，我说我想知道大窝凼的历史。你的祖上找到这样一个地方开荒种地，繁衍后代，现在这里成为世界最大望远镜的家，很不简单。

“你的祖上，最早到大窝凼开荒种地，是什么时候？”

“道光年间。”

“为什么到那里去？”

他没有马上回答，好像在思考怎么说。我接着说：“我听到有两种说法：一种说是‘逃土匪’，躲到山洼里去；还一种说是‘逃婚’，到底是什么原因？”

“那都是别人传说的。”杨天明说。

“你们杨家没这么说是吗？”

“这些说法都没有根据。”

“最早只有两个人去大窝凼，对吗？”

“对的。”

“民间说的两个人是一男一女，是吗？”

“对。”

“你们祖上没有传下什么话来，说为什么去那里吗？”

“只听说，最早是在大窝凼两个大岩石相倚的中间——那中间是空的，像洞又不是洞，就在那里搭棚居住，开荒种地。孩子就是在那里生的。几年后才盖房子。我们一代一代人都见过那两块相倚的大岩石，年年都要跪拜。”

“好美的故事啊！”我想那里一定有不寻常的故事。一男一女，什么原因，跑到那荒无人烟的地方。最初怎么生活？暴雨来了，电闪雷鸣。冬季，那是贵州高原，深山落满了雪。那么多白天和黑夜，夜晚用什么照明，就两个人，怎么度过的？孩子出生了，这孩子的母亲和父亲，怎么应对？

“祖上没有传下来什么故事吗？”

“没有。”

“有没有什么说法？”

“没有。”

“你刚才说，最早是道光年间到大窝凼的，怎么知道的？”

“我们有家谱。”

“家谱，我可以看看吗？”

“可以。”杨天明起身去拿。

我期待着。那天与我一同前往的有两位贵州朋友，一个叫严红，另一个叫小康。我们都期待着。杨天明来了，用双手托着一本厚厚的家谱。家谱的封面已经变黑，里面的纸浅黄，比较粗糙，字很大，是雕版印的。

“我们的老家不在贵州，是逃荒逃难，逃到贵州来的。”杨天明说着翻到一页，指给我们看，“这里记着，我们的祖上从哪里来。”

自湖广五昌之垣沅州之地上五牌之所居后移蜀国有阳州邦彭水之县而为南桩之人也后又移居黔地大塘之邦上里拉立凹安宅后越大窝凼而居

“最早到大窝凼的祖上叫什么名，有记载吗？”

“有。”杨天明又翻到一页，指给我看，“杨宗才就是我们家在大窝凼的一世祖。”杨天明毕竟教了十八年书，这家谱他也是琢磨了很久的。他又指给我看如下文字：

> 杨宗才生于清辛丑年三月初五日拉立凹庄卒于民国己未年正月初六酉时乃于本属地大窝凼宅园病故

民国己未年是1919年，由此上推的清辛丑年是1841年，正是道光年间。杨宗才享年七十八岁。至2009年大窝凼居民迁往克度镇，大窝凼的历史约一个半世纪。从这家谱中还可知，与杨宗才一起在大窝凼开荒种地、生养后代的女子叫张氏，没有名字。

大窝凼的杨姓子孙都是杨宗才和张氏的后人。从杨宗才到杨天明共有宗、永、月、朝、天、佑六个字派。

杨宗才生永诚、永方、永安、永兴四兄弟。女孩未见列名。

杨天明这一支是从曾祖父杨永安传下来的。仅看这一支，永安生月珍，月珍生朝礼，朝礼生天明。杨天明有个儿子叫杨佑贵，如今就在天眼基地供电部门工作。

我问搬迁出来，大窝凼的居民愿意吗？杨天明说，有人愿意，为了孩子出来读书；有人不愿意，多数是老一辈人不想出来。

“凼里是不是很好？”

“是的。”杨天明说，“凼，就是有地有水的地方。那凼里面，冬天不冷，夏天不热。永远没有旱灾，也没有水灾。”

在他的叙述中，我明白了，小小的大窝凼，真像世外桃源，有着祖祖辈辈理想的田园风光。搬出去后，牛、羊、鸡、鸭、鹅、猪都没法像大窝凼这样自由地养了，袅袅炊烟没有了，山花没有了，鸟鸣没有了……往昔的生活都没有了。搬走的时候，全村人都跪拜了土地和祖先，都哭了。

“但是，”杨天明说，“政府把我们都安排得很好，每一户都有楼房。我们的房子都面街，都可以开店。”

我这才注意到，我们坐在他一楼的厅里，他没有开店。“你怎么没开店呢？”我问。他说：“要开的。这里的生意正在一天天火起来。”

从杨天明家出来，已是夜里十点多了，这条街上灯火通明。这是一条新街，迁到这里定居的不只是大窝凼人家。从FAST核心区域金科村迁出的农民已有700多户，2249人。他们中有不少也在这条街上。两边的楼房全是迁来农民的新家。这只是克度镇的一条新街。

3 超出专业

FAST项目批复后便是“国家大科学工程”，张蜀新是这个大科学工程总部办公室主任。他是2008年调来FAST项目组的。党的十九大召开时，张蜀新是FAST团队唯一的十九大代表。

张蜀新也是贵州人，1960年生于贵州兴仁县，长在贞丰县，两县都属于黔西南州。他小时候名叫“蜀兴”，读三年级时他自己把名改为“蜀新”，理由是“兴”字不容易写得好看。这个细节反映了张蜀新自小对美术感兴趣，同南仁东认识后，对南仁东的热爱美术，特别有感觉。

张蜀新十八岁考进清华大学电子物理与激光专业。1983年毕业后到云南天文台，做空间目标的测轨定轨研究。2008年2月调到国家天文台，旋即调任FAST工程项目办公室主任。

“南仁东的办公室就在我隔壁的隔壁。”我在他的办公室里访问他，他这样说，“南走了，我至今都不能接受，就像他去国外出差还没有回来。”

他说南仁东在他的头脑里，一会儿是穿大裤衩，一会儿是西装革履。

在选址的大山里，他土得跟农民没啥区别。接待外宾，参加国际会议，他穿白色的西服，里面有马甲的，全套，从装束到神采，都非常现代。

他说南仁东喜欢喝可乐，烟不离手，让学生直接喊他“老南”。我也听说，学生们经常劝他少抽一点烟。他跟学生在一起时，右手总插在裤袋里没拿出来过。估计那手是在口袋里捏着香烟。

谈到天眼，张蜀新说望远镜的布局也充满了美学，六个馈源塔是等均距的。在周围的山岗上要等均距放，是有一定难度的。他同南仁东讨论过：为什么不放过去一点？

“不行，不美观！”南仁东脱口而出。

FAST 有个关键的技术难题“索网”，有人提出要用硬支撑，那就要几千根柱子。南说不行，投资太大，提出用柔性支撑。有人反对，认为有风险。南坚持。有人认为他固执，独断专行。后来索网真遇到问题了，如果不能解决，那将是颠覆性的灾难……“索网问题，姜鹏最熟悉。”张蜀新建议我去问姜鹏。

张蜀新所谈多是对南仁东的认识，我欣然记之。记言与记人，本是最要紧的。张蜀新说，南去日本做客座教授，工资比日本国家天文台台长还高。他却回国了，有人因此赞扬他爱国。他说了一句：“你别看他们对我恭恭敬敬的，那骨子里还是看不起中国人。”

张蜀新说，南仁东的坚持、自信，有他的傲骨。但在现实环境里，你十分坚持，就容易得罪人。可是南不会妥协，他的坚持、自信，还有他渊博的学识做支撑。

“他的记忆力超好，那个脑袋怎么长的，怎么记得那么多东西。”张蜀新说，“不少人都这样评价南仁东。”

“你以为我什么都懂吗？我每天都在学习！”这是南仁东说过的一句

话。你仔细听，这里面并不是在表扬自己，却有对当下很多人不用心学习，工作只是敷衍的批评。

张蜀新说："南仁东会颠覆你对专家的认识。他非常渊博。没有这渊博，做不出天眼。没有他那性格，也做不了天眼。这个望远镜就是为他而生的。因为有他，所以有它。"

我对张蜀新说，我能理解。我说"专家"一词来自西方，出自工业化时代的分科。南仁东不应该成为特例，向南学习，就要像他那样跨学科。当下的弊端正是博士不博，硕士不硕，专家固然有非凡的专业学识，但专家无异于局限性的代称。向南仁东学习，只有颠覆当下对专家的认识，才有中国文化所推崇的融会贯通。

张蜀新有一项超出他专业的贡献。

他到天眼工程后，深知这里发生的很多事情是历史性的，于是着手筹划用图片、视频记录工程建设过程。他自己精心学摄影。考虑到自己一个人有时顾不过来，会漏掉重要的拍摄记录，他让谢嘉彤一起做这件事。

为了全方位记录 FAST 工程全貌，他们还学会了应用无人机拍摄。随着工程的深入开展，陈旭、袁维盛、黄琳、杨清亮也先后加入拍摄团队，对工程进行不间断的记录。

如今 FAST 工程留下来的大量照片，绝大部分是他们随时随地在现场拍的。有不少经典照片，就是张蜀新所拍。不仅是照片，还有很多影像资料。他们还学会了影像剪辑制作。一系列照片，一部部生动的短片，呈现了 FAST 工程完整的建造史。

南仁东去世后，中央电视台拍摄"中国天眼"的纪录片，也用了张蜀新他们当年拍摄的很多镜头。据 FAST 工程办统计，各大主流媒体报道中使用的照片和视频，由这个拍摄团队提供的占 90% 以上。张蜀新他们所做的这项工作，是今天已经做不到的，不可替代的。

4 索网问题

张蜀新讲到的“索网”问题，若不能解决，FAST 就真会遭遇“滑铁卢”。我去找姜鹏了解此事。

姜鹏 1978 年生于黑龙江省齐齐哈尔市富裕县繁荣乡新发村。2009 年来到 FAST 工程应聘时，他是读完中国科学院力学研究所固体力学专业的博士。他的本科、硕士是在郑州大学完成的，学结构工程专业。

姜鹏曾回顾说，他来面试的时候，并不知道南仁东是谁，“只是感觉到他强大的气场，一看就是‘头儿’，甚至有点像‘土匪头儿’”。南仁东则很看重他所学为结构工程、固体力学。不久，南仁东给他的任务是全面检查一下 FAST 索网的可靠性。

这是姜鹏踏进 FAST 的开端。他十分认真地对待老师给他的第一个题目。他的眼光并不局限于 FAST，他了解了索网结构有硬的和软的两种，美国阿雷西博用的是硬支撑，即不动的索网；“中国天眼”为主动反射面——是会动的，用柔性索网。这是为了更好地跟踪天体，搞一台覆盖天区更大、灵敏度更高的望远镜。

“动和不动，差别十万八千里。”姜鹏说，“何况中国 500 米口径的，比美国 305 米口径的大多了。”

考察演算了一番后，姜鹏告诉南仁东，FAST 索网的抗疲劳程度，好像有问题。姜鹏还把自己发现的疑问，形成文字，交给南仁东。南仁东看了后，找到姜鹏，然后就有了如下对话——

“这个事，好像是个大事。你觉得是不是？”

“好像是。”

“你觉得是吗？”

“国内国外都查过了，没有先例。”

“你说这个问题能解决吗？”

“这个，我不清楚。”

几小时后，南仁东又找姜鹏。找不到。这才发现下班时间早就过了。从电话里好不容易找到姜鹏，又问，你觉得真不行吗？你觉得这个问题能解决吗？……姜鹏说，南老师，我已经告诉过您了，具体情况我也写了放在您办公桌上了……

索网的抗疲劳问题，如果解决不了，FAST 就真要遭遇滑铁卢了……南仁东一次又一次找姜鹏问同样的问题，是不是乱了分寸？我隐约感觉，仿佛看到他们的不同。

姜鹏的确是个优秀的学生，自小敏于读书，老师布置的题目他总能做得正确，才能把书一路读过来。现在南仁东给他一个题目，他认认真真地做，也做出来了，答案交给老师了。老师再问，他再检查一遍，还是这样。他感觉这道题确实做完了，而且做对了，他的任务就完成了，这件事就放下了。这有什么不对吗？当老师再问他时，他回答，我已经告诉您了……

南仁东呢？他不是不知道姜鹏已经告诉过他，他也看到了问题的严重性。问题是，他不是在解题，不是在判断学生这道题有没有做对，他心里装着整个工程的命运……我以为这里面不只是一个总工程师和一般科研人员的区别。即使是南仁东的青年时代，他作为研发人员之一，搞便携式半导体收音机，搞电视发射机，他也会时刻关心整个项目的命运。他知道自己比工人们读过更多的书，自己对整个项目就该负有更多的责任，要操更多的心，这是那个时代培育他的。

“这是离他的专业最远的一件事。”姜鹏说。

“但是他不会说外行的话。”姜鹏还说。

这两句话，前句可见这是姜鹏的专业，而非南仁东的专业；后句是说即便不是南仁东的专业，他也不会说外行话。

中国500米口径射电望远镜是依靠索网的柔性伸缩来调整反射面，在巡视宇宙中实现对观测对象的对焦、定位及追踪的。这是“中国天眼”与美国阿雷西博不动的球面很大的不同。

“中国天眼”时刻在变化着方向追踪宇宙现象，支撑天眼变化的索网，要既有弹性又有超强的抗疲劳性。当时钢索制品应力幅的普通标准是250兆帕，FAST工程的设计，索网的抗疲劳强度指标为360兆帕，已经超出标准很多了。

姜鹏计算分析后，认为要满足500米口径球面主动反射，360兆帕恐怕不够。这虽然是一个刚刚走出大学的博士提出的问题，但南仁东高度重视。

“马上开个专家咨询会！”南仁东吩咐。

姜鹏被发动起来。国内行业内，这个领域的顶级专家被请到天文台来开咨询会。专家的意见不统一，“说什么的都有”。但360兆帕的抗疲劳强度不够，这个问题被许多人认同。如果要制造出高于360兆帕的抗疲劳钢索，世界上还没有先例，因为没有别的工程有这种需求。中国铁道科学研究院有个专家，做过很多索疲劳试验，直接质疑FAST这个设计指标实现的可能性。这不是一般的“我认为”，这是有许多试验做依据的。

如果像阿雷西博那样，反射面不动，用硬支撑是可以的。但硬支撑被南仁东否定了，确定的就是柔性支撑。现在，可行性研究报告已经批复。2009年2月，在姜鹏到来之前，中国科学院和贵州省人民政府也批复了

FAST 工程初步设计和概算。水、电、路都进去了，台址钻探已经完成，奠基典礼开过了，移民在搬迁……各方面的工作都在紧锣密鼓地进行，项目已经没有回头的余地……这个咨询会，没有得到解决问题的办法，却距离“滑铁卢”更近了。

但是，发现问题，就是收获。

南仁东因此非常看重发现问题的姜鹏。

“碰到问题，他就去钻研这个东西了。”姜鹏回顾说。

重新修订的设计，没有改变柔性支撑，但将抗疲劳标准提高到了 500 兆帕。有没有可能达到这个指标？

“我们做试验吧！”南仁东说。

从国内外买了十几种顶级强度的钢索做抗疲劳试验，都不能满足要求。那么，要靠自己制造一种前所未有的钢索来实现 FAST，这是没有疑问的了。

“从基础材料试验起。”南仁东说。

姜鹏、王启明、朱明出发，找到了江苏江阴的法尔胜。法尔胜是个从做麻绳、钢绳再到光绳的中国 500 强企业，有做试验的设备，有经验丰富的技术工人。请他们帮助做单丝试验，达到了 550 兆帕。南仁东知道后，松了一口气。

“基础材料是可以的，是有希望的。”南仁东说。

七根单丝组成单股，多股组成整索。接着做了很多单股试验，失败了，寻找原因再做。随后做整索试验，标准是 500 兆帕应力幅下 200 万次抗疲劳试验，做到 110 万次的时候，断丝了。

“我们没有退路，必须再做！”南仁东寻找原因，为什么单丝可以，整索不行？“可能整索的单丝之间发生了摩擦。”

姜鹏提出："有没有一种能把钢丝隔离开的制索工艺？"

江苏东南大学有一位郭正兴教授前来献策，说有两种涂层方式可以实现把单丝独立起来，防止摩擦。一种是环氧填充，一种是单丝涂覆。

涂层工艺做得最好的是柳州欧维姆，于是找去柳州。

柳州欧维姆接洽这项试验时，当即感到这是做不到的。现有产品做抗疲劳试验不到 30 万次就断了，FAST 要求的是 200 万次，而且是 500 兆帕的抗疲劳试验，这不是相距太远吗？

但是欧维姆很重视，组织了科研试验团队，成员有黄颖、莫鲤木、韦福堂、朱元等。一开始的试验，也是失败接着失败。

做一根索的抗疲劳试验，要两百万次，一秒钟不停，也要两个星期。做一根索不够，至少要做三根索，才能评估。那时在北京、南京、镇江几个地方同时做，否则时间来不及。

失败了近百次。

姜鹏说："那时听到电话响，不想接，一接就是'断了'。"

索疲劳问题没有解决，反射面的结构形式也迟迟定不下来。索网结构是 500 米口径射电望远镜反射面的主要支撑结构，这个问题如果不能解决，将全局瘫痪，不可想象。南仁东忧心如焚，核心组人员也很焦急。

南仁东把主要精力也投到了试验上。

姜鹏说："我们听说断了，就知道是又断了。南老师会注意在哪里断了。他到现场，对不同的失败案例都要亲眼查看钢丝断裂的断口，看断裂的位置。"

不论发生在哪个试验地的失败，在南仁东这里都是有用的。他知道，古代老子有柔弱胜刚强之说，刚易折，柔可克刚。当初 FAST 工程设计中，他坚持的就是柔性支撑。现在面对一次次钢丝断裂，南仁东提出，技术路线的改进要放在索工艺的柔性优化上。

“欧维姆的试验团队很投入。”姜鹏说，“我们与欧维姆一起分析，南仁东做决策。我们提出来，他们就试。他们有经验，有实现的能力。”就这样联合攻关，用了近两年时间，终于研发出一种钢绞线的成品索，改变了以前钢丝索刚性太大的问题，使柔性得到提高。

但是，还有问题。最后，也是南仁东发现问题出在锚固结构。随后改进了索制品的锚固结构，研发出一种新型结构，可以直接到现场进行“编织”。

解决索疲劳问题，就到了2011年的下半年，这是在FAST开工之后。特别值得关注的是，它的最终解决不是在工厂的试验车间，而是到FAST建设现场去完成的。这是后话。

我们看到，南仁东的“每天都在学习”是怎样从“非专业”变成了这个领域的专家。姜鹏则从南仁东身上体会到什么是“老一代科学家”。他们身上有比专业、比技术更重要的东西。

5 图什么呢

FAST工程办的刘娜给我讲了一件事。

2010年1月，FAST人才招聘的面试，在国家天文台A208会议室举行。有个年轻人进来后说自己没学过英语，学的是俄语。南仁东就用俄语问了他一个问题。年轻人愣住了，答不上来，一会儿改口说自己会日语。南仁东又用日语问了一个问题，年轻人又愣住了。

刘娜说，送年轻人离开的时候，对方问她：“那个老爷子是谁？怎么什么都会啊？”刘娜半开玩笑地跟他说：“亏得你没说你会西班牙语，不然老爷子又该用西班牙语跟你说话了。”

刘娜告诉我，她从这位年轻人身上看到自己当年的影子。刘娜是在2007年底来应聘的，那时FAST工程获准立项不久。她说自己来应聘时挺自卑的，看到别人都是名校的博士或者海归，觉得自己差距很大。对面试老师提出的问题，她不懂也不敢承认。

我问她毕业于哪所学校，她说：“山西大学，硕士。”

当天面试完，她就买了回山西的火车票。那时候从北京到太原的火车要八个小时，她在火车上想，自己能不能被录取呢？没有把握，她把自己的心情写在了来去的两张火车票上。

从太原到北京的火车票是2007年12月3日21点20分开的，第二天早晨6点多到北京。她在票面上写道：“接到天文台面试通知，爸爸不同意，最终还是妥协了。那时的我疯了一样想来北京，那种勇气现在想来都不可思议。我没有门路，一切都只能靠自己，人生道路的选择没有彩排，每个人只有一次机会。所以，凡事要尽力，对得起自己的良心。”

这些文字似乎已有不会被录用的担心，在安慰自己，不管成不成，对得起自己的良心。回程的票是12月4日22点27分开的。她在票面上写道：“当天上午面试完就买了回程票。回程的路上，我一次次地祈求上天给我一个留在这里的机会。”

那时候，录用没录用，招聘方用电子邮件回复。她回到家，就收到了回复，打开一看，她被录用了，里面还有一封南老师写的邮件，其中写道：

> 我们这里不是公司，没有老板，不要什么都“Yes”，要大胆地回答“No”。不要不懂装懂，人不可能什么都会，那样什么也

干不好。这里每个人都是学生。我也每天都在学习。我不懂的事情会问学生，让学生帮我。我更重视工作态度，看敬业精神，看是否不断进步。

她说这件事对她触动很大，对她日后的工作帮助也很大。

FAST 工程每个部门、每个系统的组建都要招收人才。南仁东曾给担任面试的评委们写邮件：“每个系统的招聘要求，由系统总工负责，不宜过细过多，年轻人主要看潜力。”

很多年轻人从全国各地和海外前来应聘。比如李菂，他与刘娜都是 2007 年 FAST 项目批复后来到国家天文台的。李菂获美国康奈尔大学天文系博士学位，此前就职于美国 NASA 空气动力实验室，回国后成为 FAST 项目科学家。还有姜鹏，2009 年来应聘。在 FAST 索网问题解决后的一天，南仁东把姜鹏叫到办公室，忽然对他说：“姜鹏，你说你刚毕业两年，我能完全相信你吗？”姜鹏思考了半晌，认真地说：“南老师，我觉得你可以信任我。”于是，姜鹏成为总工程师南仁东的助理。

前面说过，FAST 工程有六大系统，每个系统都有总工程师。为了一目了然，排列如下——

台址勘察与开挖系统总工程师：聂跃平

主动反射面系统总工程师：王启明

馈源支撑系统总工程师：朱文白

测量与控制系统总工程师：朱丽春

接收机与终端系统总工程师：金乘进

观测基地建设系统总工程师：朱博勤

其中，金乘进、朱文白、朱丽春三位总工程师，都是南仁东培养的博士。我渐渐对南仁东的爱护学生、培养年轻人，有了更深的印象。2010 年，南仁东六十五岁了，时值 FAST 需要招聘大量青年才俊，他投入的关心和直接参与，都能让人感受到他那颗心。

可以这样说，FAST 工程核心团队的成员，大部分是南仁东的学生。南仁东的另一位学生张海燕，2008 年开始担任总工程师南仁东助理。FAST 工程办主任是张蜀新，副主任就是张海燕。她说："南老师身上有我们永远都学不完的东西，不只是专业知识。"

张海燕 1973 年出生在乌鲁木齐，在那里一直读到高中毕业，考进北京师范大学天文系，1998 年来到南老师这里读博。她说南老师工作很忙，但是我们遇到难题，他能给我们讲得很详细，不厌其烦，总问："现在听懂了吗？"他很少表扬人，会挑你毛病，直接批评你。对女生还好些，对男生更严厉。

"起初，我们都不是很适应他。但批评完，他会教你，给你指一个方向，给你可操作的方法。按他说的去做，很容易就解决了。那时候我们生活条件差，他隔三岔五带我们出去吃饭。"

我是在国家天文台张海燕的办公室里采访她的。她说那时候这一带还很荒凉，是奥运会后才发展起来的。

"他带我们做 FAST 预研究，可是到底能不能实现，能不能立项？我们听说中国科学院有很多项目要做，大家都要发展。如果这个项目一再拖延，如果最终没有立项，怎么办？"

她也说到"经费一直很紧张"。在预研究阶段，合作单位有二十多家，大部分是贴钱干的。这些单位都可称之为国家科技的栋梁部门，如：清华大学工程力学系、清华大学电子工程系、哈尔滨工业大学、同济大学、西安电子科技大学、中国科学院遥感与数字地球研究所、中国科学院力学研究所、解放军信息工程大学等等。

“即使项目批下来后，在整个建设过程中，经费一直都很紧张。”她还说，“不仅我们自己紧张，跟我们合作的单位，也没拿到多少钱。”

这些合作单位，几乎都是我国各领域顶尖的科研和生产单位。比如中国电子科技集团第五十四研究所，在预研究的阶段就参与了，参与了设计和施工，做馈源舱、入港平台、反射面板等。馈源舱就是天眼的“眼珠”，这是很重要的核心技术。他们就说：

“我们不指望在你们这个项目上挣钱。”

确实，做这个“眼珠”，将来能复制到什么地方去呢？研发手机、飞机……都有市场，搞这个天眼的“眼珠”有市场吗？

“那指望什么？”我问。

“这个项目的吸引力，主要是它的前沿性、创新性和挑战性。很多合作单位说，我们也想能为国家做点贡献。”

海燕说这些的时候很平静，我却听到了自己心里的波澜。

她说南仁东跟合作单位的人也是这样，发现哪里有问题，当面就给你指出来，他觉得不行就不行。

“跟他汇报前，你要做好充分的准备。被问住，挺尴尬的。你出错，没关系。你不认真，他不能容忍。”

她说不少人说他不是一个脾气很好的人。其实，“他对越不熟的人越好，很客气。对越熟的人要求越高，越来越高。很多合作者，还是感到从南仁东那里学到了很多东西”。

她也说到跟南老师去贵州，坐咣当咣当响的绿皮火车，两天半，五十多个小时。“不是卧铺，是坐去的。他都六十多岁了，在火车上给我们‘画大饼’……”她感到南老师在“幻想与理想”之间，要认识他挺不容易的。但到了工地，又是一种感觉。

“什么感觉？”

“感觉他就是一个仰望星空，脚踏实地的人。”

这样的大科学工程，是科学和工程的结合，充满了困难和挑战。一旦开工，很多科研人员要到现场来，还有很多工人要进点。2010 年开始建会战大军将要进点的“临建房”，南仁东大部分时间都在工地上了。

那时，要建一个水窖。施工方送来设计图纸，南仁东迅速标出几处错误打了回去。施工方惊讶：这个搞天文的科学家怎么还懂土建？

临建房盖起来了，冬天冷，夏天热。踩进去，地板咯吱咯吱响。冬天没有热水，水管都冻上了。没法洗澡。厕所在住宿房子的外面，冬天夜里要上厕所，一走出去，那风一下就把你吹得直打哆嗦。

2011 年 3 月 25 日，FAST 工程正式开工。

全国近 200 家企业、大专院校、研究所 5000 余人直接参与了这个大科学工程建设。前面讲到的柳州欧维姆，只是其中之一。

参加者多是我国各领域赫赫有名的单位，请准备好来看一下以下的罗列，如中铁十一局集团、江苏沪宁钢机、青岛东方铁塔、中国建筑第二工程局、大连华锐重工集团、天津优瑞纳斯液压机械、中国电子科技集团第五十四研究所、浙江东南网架、武昌船舶重工集团、太极计算机、北京普达迪泰科技、中国科学院自动化研究所、中国中元国际工程、北京市建筑设计研究院、中国电力工程顾问集团华北电力设计院、贵州地质工程勘察设计研究院、贵州省建筑工程勘察院……还有更多，他们都是 FAST 建设的功臣。

我罗列出它们，是因为我想说明，与这些部门联络接洽、安排进场等诸多事务，正是张蜀新、张海燕负责的工程办的主要工作。没有相应的学识，与这么多科技含量很高的科研和生产部门是没办法对话的。

之前，在预研究阶段，这个组的人员主要是南仁东的博士生、硕士生和其他科研人员，总数不到二十人。FAST 项目批复后，成立了工程经理部，下设工程办，总共有近百人，是整个 FAST 工程的中枢系统。FAST 工程开工后，这个经理部的大部分工作也移到了 FAST 建设现场。你由此也可以看到，这个最早出自南仁东“雄心”的构想，至此，是怎样会聚起了一支大军。

再说到 2012 年，开工一年了，建设基地才有了用锅炉供水的公共浴室。这就是张海燕说的“经费一直很紧张，钱都用在项目建设上了”。

吃饭，一人一个大碗，碗里一些菜。早先有餐盘，后来大部队进点，没那么多餐盘了。没有饭桌，也不方便端，就抱一个大碗吃饭，就在食堂外露天的场地里，坐小马扎的，站着的，蹲墙角的，其实连墙都没有，只有铁的围栏。

一次，张海燕看到一个工人拿自己吃过饭后还没洗的大碗，接自来水递给南仁东喝，南仁东接过来就喝了……张海燕惊叫起来，南仁东回头问她：“你怎么啦？”

南仁东和张海燕等博士，以及科研人员与民工一样，都穿工作服。南仁东一边吃，一边也给大家“画大饼”，讲这个项目多么“高大上”，研究天空是高的，塔多高啊，望远镜多大啊！

这是二十一世纪了，在贵州腹地的大山深处，几千人如此住宿、吃饭和劳动，烈日下，暴雨中，不舍昼夜，依然存在的感天动地的艰苦奋斗就在这里。张蜀新们感到了，如此壮丽的艰苦奋斗，不能没有影像记录啊！

6 飞跃的感觉

2012年8月21日，国际天文学联合会第二十八届大会开幕式在北京国家会议中心举行。这是国际天文学联合会自1919年成立以来，第一次在中国召开这样的大会。

来自世界八十八个国家和地区的两千多名天文学家代表会聚北京。时任中华人民共和国副主席的习近平出席开幕式，发表了热情洋溢的致辞。习近平在致辞中讲道：

> 我们看到，天文观测的每一次重大发现，都不断深化着人类对宇宙奥秘的认识；天文科学的每一项重大成就，都极大丰富了人类知识宝库；天文学与其他学科交叉融合实现的每一次重大突破，都对基础科学乃至人类文明进步带来现实的和长远的深刻影响。

南仁东在本次大会上，听到习近平在致辞中还讲道：目前正在建设五百米口径射电望远镜，并在空间天文和南极天文等重要前沿研究领域取得重要进展。

国际天文学联合会主席罗伯特·威廉姆斯在开幕式上致辞。中国科学院院长白春礼、中国科协常务副主席陈希等出席了开幕式。

这次大会，贝尔来了。南仁东又一次与贝尔见面交谈，两人对FAST建设及其未来观测脉冲星等宇宙奥秘的前景交换了意见。南仁东还建议贝尔给中国的中学生讲课。

本届天文学联合会大会期间，习近平接见了国际天文学联合会主席威廉姆斯及贝尔等天文学家。

2012 年 12 月，FAST 台址开挖与边坡治理工程通过验收。

FAST 工程有三大自主创新，其中之一就是选准独一无二的贵州天然喀斯特巨型洼地，使之稳固地成为全球最大射电望远镜的可靠台址。它具有如下特点：地貌最接近 FAST 造型，工程开挖量最小。周围高山环绕，能有效屏障山外人为的电磁波干扰。利用喀斯特地质渗水的特点，设计建造洼地排水通道接通另一个更低的洼地，使自然排水系统达到双重保障。

FAST 选址，前后十多年，南仁东反复考察，似乎不惜时间。

工程一经开工，就以很快的速度向前推进。

2013 年 12 月 31 日，这是本年的最后一天。

FAST 工程圈梁合龙。

试想一下，这个球状反射面相当于 30 个足球场，相当于 8 个北京鸟巢，它面对着高远的天空，此处该多么空旷。鸟巢的建筑高度是 69 米，FAST 球状反射面从底部到顶部的垂直高度是 138 米，正好是鸟巢的两倍。高原的风，在如此空旷的高空该有多大，可以称之为长风浩荡。

埃及胡夫金字塔是世界上最大的金字塔，顶端原高 146.5 米，现高 136.5 米，底座每边原长 230 余米，现长 220 米。就是说，这个世界最大的望远镜口径 500 米，垂直高度超过现存的胡夫金字塔。圣彼得大教堂是世界上最大的教堂，米开朗琪罗设计的穹隆是教堂最高处，顶高正好是 138 米。

再说一遍，南仁东主持设计的世界最大的射电望远镜，垂直高度也是 138 米。这是巧合吗？

六十八岁的南仁东，穿着工装，戴着安全帽，第一个在高高的圈梁上，迎着寒风环圈跑起来。就像他在青年时代，在清华的体育场上那样跑起来。

想象一下，在两倍于鸟巢那么高的圈梁上跑起来，在埃及最大的金字塔塔顶的高度上跑起来，那是什么感觉？

“跑起来像小孩一样，像飞跃那种感觉。”FAST 工程馈源支撑系统副总工程师潘高峰也在圈梁上，他这样说。

没有人劝阻得了他。FAST 圈梁合龙，这是 FAST 工程的第一个里程碑。在这高高的圈梁上跑起来，这是属于南仁东的时刻。

紧紧跟在他身后的是一只狗。

这是一只流浪狗，南仁东特别喜欢它身上有种不一样的野性。南仁东不管自己在吃什么都会与这狗分着吃。人们看到坐在砖头上吃饭的南仁东，有时与这只狗，目光相视良久，好像彼此能看懂对方。

南仁东管它叫“囱囱”，大伙儿都叫它“囱囱”。

囱囱好像知道南仁东是这里最重要的人。

“可能因为南总跑工地跑得最多吧！”

“可能因为南老师到哪里，都有人向他汇报工作。”

不管南仁东走到哪里，囱囱都跟随到哪里。南仁东每次要离开基地，都要喝止它：“你就在这里，看工地。”

它好像能听懂，停下来了，嘴里发出人们听不懂的声音。

每次，南仁东回基地，还没进大门，囱囱就知道了，立刻奔迎出去，然后与南仁东形影不离。

工地上不止一只流浪狗，有十多只。囱囱最高大，是这群狗的首领。南仁东来，不仅囱囱迎出来，一群狗都跟着迎接出来。但更多时候，囱囱不许别的狗跟着，这个狗群体好奇妙，不清楚它们是怎么达成规矩的。总之，南仁东上工地的时候，只有囱囱跟随着。张海燕讲，有人说：“同科学家在一起，狗都变聪明了。”

2014 年 11 月，FAST 馈源支撑塔制造和安装工程通过验收。

馈源支撑塔，就是周围山上的六座大铁塔。最低的 112 米，最高的 173 米，每一座塔安装完成，南仁东都要爬到塔顶去。

“我每个铁塔都要去爬一遍。我要上去看一看。”

这一年，南仁东已经六十九岁。先前那个走路带风、说话声如洪钟，还喜欢与人掰手腕的南仁东发生了不小的变化，人们感到他说话中常有停顿，还能听到他说话的喘息声。他的饭量也明显减少。许多人都劝阻他：“别爬了，太高了！”

“确实太高了。”

“风都会把人刮下来。”

但是，同样没有人能劝阻得了他。于是选了李辉、黄琳两个年轻人陪南老师爬。就在南仁东的下方，紧随着南仁东的脚步，时刻准备保护南老师。

是那种两边带护栏的斜的铁梯子。依然是那身工作服，依然是那顶安全帽，还有那副近视眼镜，这就是南老师的全副武装。南仁东威武得就像一个征战的将军。他抓住了铁梯子的扶手，开始爬了。这时，就在铁塔边的囱囱，嘴里发出声音，跑去用嘴亲南仁东的脚。

“囱囱也想跟南老师爬塔。”有人说。

南仁东一定是懂它，喝止它。它就在塔下坐着，始终抬头看着南仁东往上爬。

“我走不了那么快，要休息一会儿。”南仁东精确地知道他爬到了哪里，刚刚爬到一半，他就停下脚说。

“南老师，我们就爬一半吧。”李辉说。

“不，一定要爬上去。”

李辉是FAST工程馈源支撑系统的副总工程师，站在高高的馈源支撑塔上，俯瞰群山，三年前南老师带他来这塔基踏勘时的情景历历在目。那年南老师六十六岁了，在曲折难行的陡坡上带着年轻人爬上爬下，身上的白色汗衫完全湿透了，满脸密密麻麻的汗珠在阳光下发亮，汗水流过他的胡子，从下巴滴下来。他还独自攀上小窝凼的陡峭山峰……现在，老师的汗水又滴到李辉始终朝上看的脸上。

跟着老师往上爬，黄琳也感到震撼。两个年轻人跟着老师爬到塔顶都不免喘息，南仁东爬到了塔顶，还去推动塔顶的大滑轮，看它们的灵敏度。

黄琳说：“我感觉南老师不是用力气爬的。”

李辉说：“感觉南老师爬塔，就像拥抱自己的孩子。”

2014年还有件事应该写在这里。

这年2月春节后，大家还在北京，学生们想给南老师过一个七十虚岁的生日。南仁东是满族人，有阳历、阴历和满历的三个生日。究竟是哪一天，大家都不知道。他岁届花甲的时候，学生们就提出要给他过六十岁生日，他不同意。

“不要做这些，有时间去看点书。”他说。

这一次学生们反复说，都这么多年了，大家也聚一下。由于南仁东无论如何都不会同意去宾馆吃饭，大家就在正月十五这一天，中午在食堂里准备了一桌，把南老师请去。

“本来也要吃午饭不是？”学生说。

南仁东去了。这是他一生中教学生、带博士，由学生们给他过的唯一一次生日。学生们送给老师一本纪念邮册，邮票是纪念古代名画的。

学生们还买了生日蛋糕，里面有个皇冠样的纸帽，学生们拿着往老师头上戴。据说南仁东皱了一下眉头，还是戴上了。我的面前现在就放着他们那天中午的一张合影。坐在前排中间戴着那顶“皇冠”的就是南仁东。照片上的人，前排左起是：李会贤、苏彦、南仁东、张海燕、朱丽春，是南仁东和女生，后排左起是：金乘进、朱文白、钱磊、岳友岭、甘恒谦，都是男生。

2015 年 2 月 4 日上午，FAST 工程安装了最后一根钢索，大跨度索网安装合龙，这意味着 500 米口径射电望远镜支撑框架建设完成。

FAST 工程的第二个自主创新是，创造性地运用主动变形反射面技术，实现电磁波聚焦接收，做到精确获取宇宙无线电波信息，而能够将数千个反射面板连接起来，使之实现变形的就是索网。

FAST 索网是世界上跨度最大、精度最高、抗疲劳性能最强的索网结构，也是世界上第一个采用变位工作方式的索网体系。

你已经看到，不仅它的研发制造是 FAST 工程的主要技术难点之一，安装工程的技术难度也非常大。

500 米口径球面射电望远镜，也就是 500 米口径的球冠状索网结构。FAST 工程总工艺师王启明说，你想象一下，一般的起重机、吊车，如何能把这些工件运到 100 多米高、500 米跨度的这样一个空间去安装操作？这就需要自己来解决特种安装设备和技术问题。

前文说过，索网难题最终要在建设现场解决。FAST 共有 6670 根主索、2225 个主索节点及相同数量的下拉索。索网总重量约 1300 余吨，主索截面有 16 种规格，截面面积介于 280~1319 平方毫米之间。8895 根钢索，每一根都有

FAST 索网工程合龙，南仁东与部分施工人员合影　（张蜀新 摄）

这张照片摄于 2015 年 2 月 4 日，这是 FAST 索网圈梁工程合龙的日子。索网工程完成，是 FAST 工程中具有里程碑意义的成就。假如你没见过南仁东，你能从这些工人和技术人员中认出 FAST 工程的首席科学家来吗？这年的春节即将到来，南仁东和工人们都还在工地上。春节后不久，南仁东病倒，被查出肺癌，晚期。

自己的使命、固定位置和安装顺序，绝对不能搞错。为此在生产中就给每一根钢索做了“身份证”。在建设现场，根据设计要求对号入座，把所有钢索准确无误地“编织”成一张半球形的柔性索网，这就是前所未有的索网工艺。技术工人们在这样一个大跨度的巨大空间里作业，难度很大，也非常壮观！

正是在 FAST 工程需求的牵引下，参与建设的我国相关顶尖企业，研发技术得到巨大提升。随着索网诸多技术难题的不断攻克，形成了 12 项自主创新性的专利成果，其中发明专利 7 项。也是在攻克这一世界性难题的过程中，建立了高精度索结构生产体系。这种生产体系已经在我国部分企业的建设项目中得到应用。这些新产品、新技术的运用，使更多企业承建工程的能力得到跨越性加强。这些都是 FAST 对我国科技进步、生产建设的巨大贡献。

索网工程完成，也是 FAST 工程中具里程碑意义的成就，大家都很激动。张蜀新为此做了一个介绍工程进展的汇报片。2015 年 3 月 6 日晚饭后，张蜀新对南仁东说：“我很想有一首诗配画面，你写一个吧。”南仁东当时没说行不行。第二天早上，他把一首诗给了张蜀新，就是以下这首：

春雨催醒期待的嫩绿
夏露折射万物的欢歌
秋风编织出七色锦缎
冬日下的生命乐章
延续着，它的优雅
大窝凼，大窝凼
时刻让我们发现
时刻给我们惊奇

感官安宁万籁无声
美丽的宇宙，太空
以它的神秘和绚丽
召唤我们踏过平庸
进入它无垠的广袤

就在这年 3 月，没有人知道南仁东是什么时候离开工地回北京的。但是，卤卤知道。南仁东离开工地那天凌晨，卤卤追着小车跑。据说还是南仁东喊停车，打开车门对卤卤说，不许追，你回去！卤卤才回去了。

迄今，除了国家天文台领导和南仁东的亲人，也没有别人知道他在北京哪家医院做了肺癌切除手术。据说，南仁东的疾病当时是 FAST 最高机密。

此时，索网难题才真正解决不久。FAST 还只见一个框架，能精确获取宇宙无线电波信息的反射面板还没有完成，被看作天眼“眼球”的馈源舱也没有升空，被视为 FAST 整个神经系统、思维系统的综合布线还没有开始……南仁东病倒了，FAST 还会发生什么问题吗？

第九章

深情的召唤

星空下的天文小镇，是距离“天眼”最近的地方，被称为“地球上看得最远的地方”。FAST的建成给当地发展带来天翻地覆的变化。然而天地万物，最重要的并非物的创造，而是人的建设。南仁东曾说，我们这一代建成FAST，只是提供了一个平台，期望年青一代用它去创造成就。更大的期望，是期望“天眼”成为打开青少年眼界，放飞幻想，激励创造的重器。这是比促进经济发展更重要的“国之重器”。

1 越来越珍惜时间

南仁东有半个月没有出现在工地上了，人们感到异常。

“没事，南老还用电子邮件指挥工作呢！”

工地上各大系统的总工们几乎众口一词，都说南老师去北京开会了。可是人们知道，南老师要是去开会，很快就会返回。于是有人说：“南老师出国都这样，电子邮件天天有呢。”

现在，南仁东的电邮依然天天有。但是，人们发现囡囡很不安，它茫然地到处走，好像在找什么。

“它一定是找南仁东！”

南仁东的病情很快报告到上级领导那里。领导们都震惊了：晚期！领导们立刻指示，全力抢救南仁东。

医生们也感到震撼：到这种程度，怎么还在工作呢？

北京郊外顺义区的一座小院，南仁东两个女儿的家。

2015 年夏日的阳光从窗外照进来，他坐在椅子上晒太阳，并没有感到阳光炎热。他闭起眼睛享受阳光，似乎第一次感到阳光如此温暖。从医院出来的南仁东到这里静养。

家里养了一只威尔士柯基犬，头部近似狐狸，腿短，看去像小狗。柯基犬的名字就是威尔士语“娇小之犬”的意思。它机警大胆而又性格温和。这只柯基犬，总让南仁东想起凼凼。

虽然南仁东的同事和学生都跟着他走过工地的许多地方，但唯有凼凼跟着他走遍了工地的一切角落。不论是凼底，还是周围山顶上那六座高塔的基座，它都跑前跑后地跟南仁东去过。闭上眼睛想着凼凼，南仁东就能看到工地上的一切地方。

直到现在，没有任何人谈到南仁东患病期间曾有谁去探望他的记忆，南仁东压根儿就没让大家知道。但是，一个阳光明媚的日子，他的学生苏彦获准去郊区看望他。

南仁东是苏彦的硕士生导师，也是她的博士生导师。现在，苏彦是国家天文台的研究员了。这天，她自己开车，带着儿子找到了京郊的这个小院，老师跑到门口来接她了，满面笑容。跟着老师一起出来的还有那只柯基，它看到陌生人，没有叫，很有礼貌的样子。

苏彦看到老师头上只剩下稀疏的很短的白发，泪水差一点就涌出来。老师没有作声，领着她穿过院子。苏彦跟着老师进屋后，只见阳台上有紫色的小花，花儿正开得鲜艳。

进屋坐下来后，苏彦说，这么多年，老师一直太累了，现在圈梁合龙了，索网工程也完成了，老师终于可以不用再管 FAST 了，可以安心休养身体了。

老师没有吱声，苏彦有点纳闷，往日很健谈的老师，怎么不说一句话呢？过了半晌，老师还是没有说话……苏彦刚才说错了什么吗？苏彦做南仁东的学生，算起来有十八年了。苏彦刚才那话是关心老师，认为老师可以不用再管 FAST 了……可是，南仁东也许会觉得，你怎么会这么想呢，怎么会这么不了解我呢？

“南老师，您这儿空气挺好的。”苏彦感到要打破沉闷。南仁东回答了一句话，声音很低很沙哑。她没听清，又问：“老师您说什么？”

老师用沙哑的声音大声说：“像坐牢一样。”

2015 年秋，是囟囟第一个发现南仁东回来的，它忽然奔迎到基地的门岗之外。小车驶进大门，它又跟进大门。车还没停下来，人们就听到了囟囟不一样的声音。车刚停下，囟囟就用前爪去扒车门。车门从里面推开，南仁东就出现了。

“南老师回来了！”工地上很多农民工都叫他南老师，这是个很亲切的称呼，跟叫“南总”不一样。

每个听见南仁东说话的人，都发现他说话声音沙哑、很小，但他在很用力地说。办公室通知食堂，要保障好南老师的营养，食堂给南仁东做了鱼，南仁东却不吃。

“南老师怎么不吃鱼呀？”食堂的师傅说。

“他说没时间。”姜鹏说。

南仁东很认真地希望不要给他开小灶，不要特殊化。然而南仁东还是像从前那样，吃饭经常会误点，他来食堂的时候菜已经没了。师傅说：“南老师您等等，我马上给您炒两个蛋。”

“不用。”南仁东拿着碗筷到那大菜盆里刮刮刮，刮出剩菜就开吃。师傅知道南仁东一向节省，对他说：“南老师，炒个蛋，没几个钱。”

南仁东说：“我没有时间。”

南仁东善于用电子邮件指导工作，这期间他经常在邮件的最后写道："不必回复。"有一次，某个学生说，南老师真是珍惜别人的时间，总在电子邮件的最后说：不必回复。南仁东说："我是珍惜我自己的时间。"

为什么这样说？对方回复，南仁东点不点开看呢？要是有事不看就误事了。要是无事，点开不是要花时间吗？南仁东用电邮指导工作，回答问题是很多的。他要求对方无事不复，就会节省自己的不少时间。

他越来越抓紧时间，好像是要跟时间争夺什么。

南仁东又回北京开会了。他跟妻子说要去逛一下商场。

不知道他妻子是不是感到诧异，因为多少年了，谁见过南仁东去逛商场呢？他哪有时间去逛商场呢？他请妻子跟他一起去，他说他要替别人买衣服，这方面，他觉得自己比较差。

妻子郭家珍陪他一起去了。

他不是要替哪一个人买衣服，他都说不清他到底要给多少人买衣服。他在商场里给工地上的一个工程师打电话，询问刚从云南贫困山区来的那批农民工有多少人，其中女的有多少。之后，看到商场里的衣服都太贵，于是出了商场。到了另一个综合市场，在那里找到了卖降价衣服的地方。那些降价衣服不分衣和裤，也不分男衣和女衣，都混着挤在一种像大沙盘那样的地方。

郭家珍帮着选，然后让营业员来打包。

南仁东再回工地时，快递早已把那几大包衣服送到了。南仁东让小货车装上几大包衣服，他亲自送到那些云南来的农民工住的工棚里去。

那是个晚上，下工的时间。南仁东的学生说，工人们居住的工棚里汗味很大，南老师好像毫无知觉，一进去就很开心，他一屁股坐在工人的床铺上，还使劲蹾了蹾，好像是看看结实不结实。

南老师说："把那几个袋子打开。"

灯光下，那是几个蛇皮袋，那种商人倒卖衣服常用的大蛇皮袋。袋子被打开了，各种颜色的衣服跑出来了。南仁东说："大家挑，都有，挑合适的。"

工人们看着，没动。

南仁东说："这是我跟老伴去市场挑的，很便宜，大伙儿别嫌弃。"然后南仁东自己动手，把衣服从袋子里拿出来，放到工人们的床铺上。除了衣服，还有鞋子、袜子。有人说："南老师您别动了。我们来。"大家这才挑选开了。

看着那情景，南仁东笑得脸上像开了花，十分享受。

后来有人把这说成是南老师的扶贫之举。在南仁东心里，其实不是，他是想感谢工人。大窝凼，很多现代设备难以施展。张蜀新他们用无人机从空中拍摄的劳动场面，有人形容为"蚂蚁搬家"。很多很累很重很难的活儿，就是这些农民工起早摸黑不讲代价地做的。南仁东深深地感谢他们，买打折的衣服给民工，内心里还感觉抱歉，感觉无以回报。

南仁东的学生们曾经有过这样的对话：

"你觉得南老师这段时间有变化吗？"

"什么变化？"

"没见他批评人了。"

"是的。"

"我感觉他好像在交代什么似的。"

"交代什么？"

"好像在抓紧时间感谢要报答的人。"

写到这儿，我想还有一件事应该记下。

今天的黔南州大数据管理局局长张智勇，是1995年参加选址时认识南仁东的。二十二年后，他在北京人民大会堂“南仁东先进事迹报告会”上发言，他说：

“1996年5月，我收到了南老师托人带来的一封信，拆开一看，信笺中夹着500元钱，这相当于我当时几个月的工资。信中提到，他下乡看到农村有的家庭还很穷，孩子上不起学，寄点钱过来，委托我寻找合适的学生资助他们完成学业。南老师之后还多次寄钱，资助多名学生直到中学毕业。”

张智勇说南老师这样一个大天文学家，不只是仰望星空，还惦记着贫困山区的孩子。我想，南仁东此举主要也不是为了扶贫，而是着眼于山里孩子的成长。

2015年国庆前夕，随着长度3.5千米的10千伏高压线缆通过耐压测试、变电站设备调试完成，FAST综合布线工程完毕，这标志着“天眼”的神经系统建成。

2015年11月21日，南仁东在现场目睹了馈源舱成功地升起在大窝凼的上空。他举起右手遮在安全帽前——这个动作看起来犹如向天空中发出闪闪银光的馈源舱致敬。阳光照在他仰望着的脸上，只见他沧桑的脸庞微笑着，流淌着泪水，他那小胡子也已经变得花白了。

美国305米口径的阿雷西博射电望远镜的馈源舱重达千吨，中国500米口径望远镜若按阿雷西博方案，馈源舱则会重达几千吨，现在“中国天眼”的馈源舱只有三十吨，差别甚大。有人曾打过这样一个比方，你想象一下当年的“大哥大”和现在的华为手机，大抵就有概念了。

二者当然不只是吨位和体积的差别。时任国家天文台副台长的郑晓年曾对媒体介绍说："中国天眼"覆盖的天顶角是美国阿雷西博望远镜的两倍，并通过并联机器人的工作，实现毫米级高精度定位。

前面说过，有人把馈源舱比喻为"天眼"的眼球，也有人把它比喻为 FAST 的心脏，它是 FAST 接收和回传信号的最核心部件。整个馈源系统的设计、建造和成功安装，是 FAST 工程三大创新中又一个尖端的创新成就。天眼将要睁开了。

2 我们在宇宙中的位置

在南仁东的档案里，有一项他在"教育和科普"方面的成就。其中记载：1996 年任北京天文学会理事长期间，首次召集全国高等教育天文选修课研讨会，向国家教委提交《关于加强高校天文选修课的倡议书》，这一举措对后来高校的天文学教育产生了影响。自编教材《射电天文》，每年授课七十学时。自 1986 年起，培养研究生二十名，有七位博士已获研究员职称。

这里反映的不仅是南仁东在这方面做了多少事，更在于他心中的期望：他深知中国要在这个射电望远镜时代挺进到世界天文学的前沿，并运用它对人类做出有益的大贡献，靠我们这一代是不够的，要靠青少年继往开来，继续探索前进。

这是南仁东一生中的一项重要工作，也是他在无论多么繁忙的 FAST 建设中仍然不忘科普的原因。他不仅自己尽力而为，还建议贝尔给中国青少年讲课。

贝尔来中国，曾经应邀在中国科学院、中国科协组织的专题讲座讲过课，听众都是科研人员。就在 2012 年 8 月国际天文学联合会第二十八届大会期间，南仁东建议贝尔："你也给中国的中学生讲一讲，好不好？"

贝尔欣然同意。于是张承民去联系了北京市第三十五中学。

"你为什么联系三十五中？"我问张承民。

"中国两弹元勋邓稼先是这所学校毕业的。"张承民说，"这所学校最初是李大钊等人创办的。王岐山、王光美、王光英也是这所学校毕业的。今天它的科普也做得很好。"

我亦由此得知，李大钊、邓萃英等创建者当初提出的办学宗旨是："改变民族落后，发展教育事业，培养栋梁之才，有志者事竟成。"于是这所中学叫"志成中学"，创建于 1923 年。志成中学为改变民族落后而培养栋梁之才的情怀，一直是这所学校的文化血脉。1952 年编为北京第三十五中学。

国际天文学联合会第二十八届大会于 2012 年 8 月 31 日闭幕。9 月初正值中国学校开学，贝尔应邀到三十五中给中学生做报告，张承民陪同。报告会由三十五中校长朱建民主持，张承民翻译。

这位二十四岁时第一个发现宇宙中有一种脉冲星的贝尔，当年曾被赞为"天文玫瑰"，日后还被誉为"脉冲星之母"。她出现在北京三十五中的中学生面前时已经六十九岁。她一头金色的短鬈发，戴一副金色细框的眼镜，穿的衣裳满是花卉和树叶，给人很生态的感觉。

她被要求做了一场题为《科技创新与素质教育》的报告。她讲了自己的学生时代，讲了自己还在剑桥大学读博士的时候发现了脉冲星……她的报告犹如带领学生在太空翱翔，给他们以很大的激励。就在这次，贝尔被北京第三十五中学聘为荣誉校长。

自南仁东建议贝尔给中国青少年做报告后，2013 年 9 月 11 日上午，贝尔出现在新疆科技馆学术报告厅，又为新疆青少年做了题为《Our Place in the Universe（我们在宇宙中的位置）》的科普报告。

乌鲁木齐市八所学校的三百八十多名中小学生穿着校服，整整齐齐地坐在这里，聆听了七十岁的“脉冲星之母”贝尔的报告。

这天贝尔穿一套米黄色的衣服，依然是金色的短鬈发，依然是金色的细框眼镜，依然神采奕奕。她始终站着演讲，时而伸出双手，仿佛要拥抱宇宙。陪同贝尔来做报告的仍然是张承民，他协助这场报告会的组织者新疆少年宫一同组织了这场报告会。

贝尔演讲的“我们在宇宙中的位置”，南仁东深为欣赏。

南仁东最后留下的音像资料中也讲到这个话题，令我们再次窥见南仁东对中国青少年一代的期望，后文再叙。

贝尔这次来中国，是受中国科学院国家天文台 FAST 工程科学部邀请，到新疆参加“大型射电望远镜科学与技术研讨会”。一同应邀来新疆参加这个研讨会的还有美国、德国、英国、荷兰和澳大利亚的十多位国际著名天文学家。此时 FAST 工程开工建设已有两年半，各项子工程都在有序地推进。这次研讨会的目的是什么呢？

“中国天眼”坚持自主设计、自主研发、自主生产了 FAST 所用到的一切。这个“大型射电望远镜科学与技术研讨会”，充分体现了南仁东“坚持自力更生为主”，仍积极向世界高端科学家学习的精神。

2013 年 9 月 17 日下午，贝尔在中国科学院国家天文台做了一场科普讲座。贝尔讲了在她之前，就有科学家一次次与脉冲星擦肩而过。她发现后，也曾被她的导师否定。她为什么能坚持呢？这就讲到科学技术以外的东西了。

“对未知的强烈兴趣，以及探索中的快乐和享受，贯穿在我整个职业生涯中。”贝尔说。

贝尔所讲的已是精神，比科学本身更重要。本次新疆会议和贝尔为中国国家天文台科研人员做的演讲，包含着南仁东意欲为中国年青一代天文工作者与国际一流的天文学家建立更多联系的愿望。

以上是一段回叙 2012 年和 2013 年的故事。

时光进入 2015 年 8 月 2 日，南仁东做了手术后居家治疗期间，从工地上发来的手机信息里看到了 FAST 第一块主动反射面单元成功吊装的消息，诸多往事就在脑海里涌现出来……他想起了邱育海。

邱育海是浙江镇海人，毕业于北京师范大学天文系，他有一项“短波通信突然骚扰及太阳质子事件的预报”，曾获 1990 年中国科学院科技进步一等奖。1993 年，南仁东首次提出要把“国际大射电望远镜”争取到中国来建设时，邱育海是他最早的志同道合者。

那时，也许都没有细想究竟有没有可能。邱育海生于 1941 年，比南仁东年长四岁，他们是同代人。期望中国天文学走出落后的低谷，是这一代天文学家心中积蓄已久的愿望，不管有没有可能，都要去争取——这就是他们的真理。

“有条件要上，没有条件创造条件也要上！”在他们的青年时代，这句话曾经响彻整个中国，使贫油的中国有了石油，使装备常规武器的国家有了原子弹、氢弹！这句话是那样地激荡过他们的青春岁月，并且真的成为他们一生中没有什么能挡得住的基本素质。

不久，也是这种素质使邱育海向南仁东提出：我们搞个“主动反射面”的吧。这是针对美国阿雷西博望远镜固定的反射面而言的，如果我们建造出主动反射面的大射电望远镜，无疑大大超越了阿雷西博。

搞“主动反射面”，也得到了南仁东的导师王绶琯院士的支持。这同样是老一代天文学家的愿望——就是要刻苦攻关，力争超越美国阿雷西博。

可是，非常难！

南仁东一生都是个追求完美，追求卓越，追求创新的人。我现在无法知道邱育海向南仁东说出搞个“主动反射面”之前，南仁东是否已有这个想法。我不知道是否可以描述为“不谋而合”，但说南仁东赞同是可以的。

由于难度非常大，南仁东曾与FAST核心人员讨论。有人提出“主动反射面”，有人提出“像阿雷西博那样反射面固定不动”，我们究竟该走哪一种技术路线？最后南仁东拍板：搞“主动反射面”。

由于主动反射面是要靠索网来实现的，南仁东所坚持的索网是柔性支撑，而不是阿雷西博的硬支撑。柔性支撑支持主动反射，硬支撑导致固定不动。南仁东坚持柔性支撑甚至被认为“固执”“独断专行”，可见他对坚持“主动反射面”有多么坚定。

现在是2015年8月2日，FAST第一块主动反射面单元终于开始吊装了，南仁东强烈地感到自己在病休中待不住了。不久，他就出现在FAST工地上。

我的面前有一张南仁东在大窝凼施工现场指导反射面单元拼装工作的照片，拍摄时间是2015年11月25日。南仁东身穿工作服，头戴安全帽，他的那一撇胡子更花白了。

2016年7月3日，500米口径射电望远镜安装最后一块反射面板……这一天，南仁东没有在现场。他的身体状况非常不好，此前已被送回北京救治。

负责吊装最后一块反射面板的工人名叫陈祖泽。他就是平塘县克度镇金科村的农民，从广州打工回来参加到FAST工地建设中来已久。FAST周边的村子已经迁走了两千多户农民，他是其中之一。

南仁东对贵州人民，对为了FAST而迁出家园的每一户农民都怀着深深的感激！他希望这最后一块反射面板，应该由工地上的当地农民工来吊装。这项光荣的任务，交给了在FAST反射面板安装工程中表现突出的金科村农民工陈祖泽。

世界上伟大的工程，是需要有一种庄严的仪式感的。

这时候，完成其他项目的大部队已经撤离工地，工地上还有科研人员和工人三百多人。国家天文台台长严俊手握麦克风，仰望着高高的塔吊，发出最后的命令："FAST主动反射面最后一块面板，起吊！"

他的声音通过扩音器在群山中回响……这时候，数百科研人员和工人，从工地四周，从凼底和山顶，就地站立，目睹了金科村农民工陈祖泽吊装最后一块反射面板的庄严时刻。

掌声在天宇下响起来，宣告了FAST主体工程完工。

一千只彩色气球飞上蓝天。

世界上最大的500米口径球面射电望远镜，第一次完整地呈现在天穹下，呈现在中国贵州葱茏的群山中。7月的阳光，照耀着比埃及金字塔更高的500米口径射电望远镜。它银光闪闪宛若从天而降，壮丽无比。

2016年9月23日，这是FAST落成启用的前两天。美国天文学家约瑟夫·泰勒在贵阳，给中学生做了一场科普报告会，题为《畅想深空》。

泰勒是应邀前来参加9月25日的FAST落成启用典礼的。报告会由贵州省科协和国家天文台共同举办，陪同泰勒前来的是中国天文学家、FAST工程副总经理彭勃。

报告会地点在贵阳一中报告厅，贵阳一中、师大附中等多所中学的四百多名中学生和带队老师会聚在这里。下午 4 点，泰勒如约到来，师生们报以热烈的掌声。

本书第三章曾经讲到，在贝尔发现脉冲星后，泰勒和他的学生赫尔斯首次发现脉冲双星，并因此获得 1993 年的诺贝尔物理学奖。这期间，泰勒继续对脉冲双星深入研究，首次发现引力波存在的间接定量证据， 这是对爱因斯坦广义相对论的一项重要验证。

泰勒在报告会上与贵阳中学生互动交流，他对 FAST 给予了极高的评价和期望。学生们积极提问了 FAST 与阿雷西博的区别，泰勒幽默而严谨的回答给大家留下深刻印象。现场共有八名学生获得提问机会，其中六名学生还得以与泰勒共进晚餐。

在将要结束这一小节之前，我把泰勒给贵阳中学生做的科普报告会写在这里。因为这是南仁东自己已经无力去做的事，而邀请世界一流的天文学家去给“天眼之乡”的青少年做科普报告，是南仁东的愿望。

3 何谓综合国力

2016 年 9 月 25 日，注定是中国天文学史、中国科技史要记住的日子。这一天，“中国天眼”FAST 落成启用。

隆重的典礼在 25 日上午举行，参加典礼的国家领导人和国内外贵宾都要在 24 日到达贵阳。

“南老师会来吗？”基地上不少人这样问。

“会来，肯定会来。”有人说。

“不知道南老师身体状况怎样。”

聂跃平是受邀赴贵州出席典礼的科学家之一。24 日上午，他到首都机场大厅时，忽然看到化疗后头发稀疏的南仁东一个人拖着行李箱走在熙熙攘攘的旅客中，吃了一惊！

“南老师！”他追上几步，去接南仁东手里的行李箱，“你怎么一个人来？”

“老聂啊！”南仁东还是这样称呼他。

“怎么没人陪你？”

“大家都忙。我也不愿别人陪我。”

大窝凼 FAST 观测基地综合楼会议大厅。

布置会场的时候，凼凼好像知道了将有什么大事，它在基地内外转来转去，大约感觉到南仁东要来了，显得特别兴奋。然而第二天一早，凼凼就被基地食堂管理员用铁链拴在了食堂后院，免得南仁东来了后，它必跟着南仁东，影响会议。

25 日早上，凼凼叫了，必是南仁东到了。

果然。南仁东听到凼凼的叫声，先去看它。凼凼扑到走到近前的南仁东身上，那种亲热，令人不能不感动。南仁东对它说，你先在这儿待着，别叫唤。凼凼绕着南仁东亲热一阵后，果真趴在地上，安静地等着。

现在，让我们来看看，应邀前来参加 FAST 落成启用典礼的外国友人，除了前面讲到的约瑟夫·泰勒，还有谁：

英国曼彻斯特大学教授、SKA 项目提出人之一：彼得·诺曼·威尔金森（Peter Norman Wilkinson）。

荷兰射电天文学研究所前所长：威廉·尼古拉斯·布罗夫（Willem Nicolaas Brouw）。

SKA 项目首任主任、欧洲 VLBI 联合研究所首任所长：理查德·西奥多·斯基利齐（Richard Theodore Schilizzi）。

英国射电天文台前台长：安德鲁·杰费里·莱恩（Andrew Geffrey Lyne）。

SKA 总干事：菲利普·约翰·戴蒙德（Philip John Diamond）。

荷兰阿姆斯特丹大学教授：理查德·戈登·斯特罗姆（Richard Gordon Strom）。

理查德·戈登·斯特罗姆的夫人、物理学博士克里斯蒂娜（Christina Solomonidou）。

美国阿雷西博天文台前副台长：胡安·费尔南多·阿拉蒂亚·内格雷特（Juan Fernando Arratia Negrete）。

美国国家射电天文台台长：安东尼·詹姆斯·比斯利（Anthony James Beasley）。

澳大利亚联邦科学与工业研究组织天文和空间科学研究所代理所长：道格拉斯·博克（Douglas Bock）。

不知你是否注意到，这份名单里美国国家射电天文台台长已经不是鲁国镛。鲁国镛没有来。此前，在提出邀请对象名单时，南仁东第一个提的就是对中国 FAST 给予重要支持的鲁国镛，随后得知：鲁国镛生病了，不能前来。

25 日上午，FAST 观测基地综合楼会议大厅。

讲台上巨大的宽幅蓝色背景上，用中英文印着洁白的大字：500 米口径球面射电望远镜落成启用。主办单位是：中国科学院和贵州省人民政府。

出席“中国天眼”落成启用典礼的有中共中央政治局委员、国务院副总理刘延东，中国科学院院长、党组书记白春礼，还有时任中共贵州省委书记的陈敏尔和贵州省省长孙志刚。

刘延东在讲台上宣读了中共中央总书记、国家主席习近平的贺信。贺信的第一段写道：“值此500米口径球面射电望远镜落成启用之际，我向参加研制和建设的广大科技工作者、工程技术人员、建设者，表示热烈的祝贺和诚挚的问候！”

正是在这封贺信里，习近平总书记第一次把FAST称为“中国天眼”。原文：“500米口径球面射电望远镜被誉为‘中国天眼’，是具有我国自主知识产权、世界最大单口径、最灵敏的射电望远镜。它的落成启用，对我国在科学前沿实现重大原创突破、加快创新驱动发展具有重要意义。”[1]

“中国天眼”工程，2011年3月25日正式开工，至2016年9月25日，正好五年半建成启用。这个建设速度，令所有在场的国际天文学家都感到惊叹。

正是这天，在众人参观500米口径球面射电望远镜的时候，SKA总干事菲利普·戴蒙德说：“我不认为任何别的国家能够做到这些。从几年前的一片荒芜，到现在可以运行，真的很伟大。”他还说：“非常非常精妙的系统，全部自动化控制，令人信服。”

在本书第一章第六节里曾经写到，怎么理解菲利普·戴蒙德这句话？如果说这是中国综合国力的体现，又怎么理解这个“综合国力”呢？

我想援引这样一个故事——

---

〔1〕习近平贺信第二段的完整内容见本书第一章第一节。

苏联时期的几代航空母舰，都是在乌克兰尼古拉耶夫黑海造船厂造出来的。苏联解体后，俄罗斯与乌克兰是两个国家了。这时有一艘航空母舰“瓦良格号”完成度 68%，进行不下去了。乌克兰不要这艘舰，希望俄罗斯拿一笔钱把它造完了开走。可是俄罗斯财政困难。双方曾就价格问题相持很久。后来两国总理一起去视察这艘舰，都问尼古拉耶夫造船厂的老厂长马卡洛夫：把它造完还需要多少钱？老厂长说：“瓦良格号”不可能再完工了……

两个总理都问为什么，还缺什么？

这时候老厂长说：缺什么？我缺苏联部长会议，缺苏共中央，缺苏联国家计划委员会，缺国防工业委员会，缺九个国防工业相关的部委，缺七百多个相关工业，缺八千多家配套厂家。一句话，缺伟大的苏联，你们谁拿得出来？

我不知道上述故事的准确度如何，但我相信，像这个老厂长一样怀有这种情感的人是很多的。顺便说说，这艘“瓦良格号”，1999 年被中国人买回来了，就是后来由中国海军改造的“辽宁号”航空母舰。

“中国天眼”建造过程中，全国有二十多所大学和科研院所参加科研开发，有近两百家企业参加开发建造，其中多是国内顶级的企业，有包括一百多位科学家在内的五千多人直接参与建设。

最让外国专家难以估算的是贵州人民的贡献。

南仁东还只有一个设想，八字没一撇，贵州农民就把路修到他选址的地方去了。在漫长的十多年选址过程中，当初新生的婴儿都快小学毕业了，FAST 还没有立项，贵州人民仍然给予大力支持。那里贫困山区的农民并不富裕，“再穷也会杀鸡给你吃！”这淳朴的民情，让南仁东深感永远无法回报。终于获准立项了，终于开工了……从无人机航拍的照片看，那么大的设备、那么长的钢梁、那么重的零部件，都是农民工像“蚂蚁搬家”那样搬进这大窝凼……几千户农民，携老带幼，说迁走就迁走了。小学生也排着队离开他们的校园……应该有一支歌来唱这大山里的贵州农民。

告别故园的千重稻菽
叩别地下的祖辈魂灵
带上牛羊种子
带上铁犁石磨
走吧，去建一个新家

这一切里有多少细致的政府工作，有多少人民的体谅支持，你如何算得清？

在 FAST 落成启用之前，贵州省以立法的形式建立了电磁波宁静保护区。你只要接近 FAST 核心区方圆十公里处就能看到政府公告：“您已进入电磁波宁静保护区，请自觉遵守贵州省人大常委会批准的《黔南布依族苗族自治州 500 米口径球面射电望远镜电磁波宁静区环境保护条例》……”这里的人民都会像保护家园一样保护它。

9 月 25 日庆典结束后，嘉宾们陆续离开了天眼基地。

南仁东留下来了，他去看凼凼，解开了它的锁链。这一天，他还有愿望要实现。这座 FAST 观测基地综合楼主体工程完工后已具备入住条件，他还没有在这里住过，他要住下。更重要的是，这是 FAST 探测基地，这一天是 FAST 启用之日，“中国天眼”开始探测宇宙信号了，这不是他几十年来日思夜想的吗？

“中国天眼” （杨清亮 摄）

这个世界最大的射电望远镜，是当今探测距离最远的望远镜，其垂直高度超过埃及现存最高的金字塔。它不仅是人类探测宇宙的科学重器，也是地球上伟大的建筑。看看周围的群山，你是否有“一览众山小”的感觉？

这天是农历八月二十五，满天繁星。

南仁东在FAST观测系统前观看到深夜。

第二天他要走了，同大家告别。在基地的大门口，南仁东再一次对囱囱说，你就在这里，别跟来了。那就是他与囱囱的告别。囱囱看着南仁东上车，车子渐渐远去，那是它最后一次看到南仁东。

4 天眼，你会哭吗

2017年1月25日，“2016科技盛典——CCTV科技创新人物颁奖盛典”在中央电视台首播。本次有十位科学家获得年度创新人物奖，南仁东名列首位。

回想起来，南仁东这一生中还是读清华的时候，参加学校的机械制图比赛夺得第一名，得过一张奖状，此外再没有获过任何奖。本次获奖，南仁东自己都感到意外。

中国科学院科学传播局新闻联络处业务主管王晓亮来向南仁东汇报，告诉南老师要去中央电视台拍摄现场领奖，要发表获奖感言。南仁东一口就回绝了：“我不去。”

这是南仁东生命中的最后一年，他在经历治疗之后头发花白而稀疏。他平时就不肯抛头露面，现在更有身体不适的理由可以推辞。但过了一会儿，他问：“你刚才说，这个节目，央视要向全国播出？”

“是的。”王晓亮说。

“我去。”南仁东说。

王晓亮和FAST总部办公室主任张蜀新一起陪南老师去的。南仁东催促着，他们早早就到了央视“科技盛典”拍摄现场。王晓亮对南老师说：“我们不用来这么早的。”南仁东说：“不能让人家等我们。”

颁奖盛典开始了。南仁东是第一个被请出场的。

他走到舞台中间，向观众鞠了个躬。

央视主持人迎上前去与他握手：“南老，您好！”她随即向观众介绍说，“南先生因为做手术，所以嗓子说话稍微有一点儿费劲。这二十二年的时间，南仁东先生几乎参与了FAST从细节到大局的每一个环节。”说到这里，她转而问南仁东，“您几十年坚持做这样一件最艰难的事情，对您来讲究竟意味着什么？”

南仁东双手自握着躬了一下身，仿佛是敬礼。他的眼镜反射着舞台上的灯光，灯光下的南仁东脸上有点儿浮肿。舞台的上方悬挂着许多金色的奖杯，南老短短的白发此刻在强光下看去仿佛每一根都是金色的。在他的身后，是巨大的LED屏幕。屏幕上头戴安全帽的南仁东比舞台中间的南仁东大许多倍。

许许多多的往事早就在他的脑海里沸腾……这次到央视来参加这个盛典，起初回绝，转而说要来，实际是要来借央视这个传播机会，向贵州人民最后说一段不能忘怀的话。他开始说了，以下就是他那天说的全部的内容，用沙哑的声音，带着喘息，艰难地、缓慢地、断断续续地说出来：

> 我在这里，没有办法，把千万人，二十多年的努力，放在，一两分钟内……我在这个，舞台上，我最应该做的，就是感激，感激！
>
> 这个，荣誉，来得，太突然，而且，太沉重。我觉得我，个人，盛名之下，其实难副。但我知道，这份，沉甸甸的，奖励，不是给我，一个人的，是给一群人的。我，更不能忘却的，就是，

只为了来给贵州人民说一声感谢　（张蜀新 摄）

这是 2017 年 1 月 25 日，“2016 科技盛典——CCTV 科技创新人物颁奖盛典”现场。这是南仁东一生中作为天文学家第一次获得一个奖，这也是南仁东生命中的最后一年。南仁东本不愿抛头露面，但听说将由中央电视台向全国播出，他就来了。只为了来说一句：“这二十二年，艰苦的岁月里，贵州省四千多万各族父老乡亲，和我们风雨同舟，不离不弃……谢谢！谢谢！”

这二十二年，艰苦的岁月里，贵州省，四千多万，各族父老乡亲，和我们，风雨同舟，不离不弃……我再一次，借这个机会，感谢，所有，帮助过我们……帮助过FAST……谢谢！谢谢！

南仁东又到办公室来了。

请记住这间办公室：国家天文台B座333号。

早先，南仁东主持大射电望远镜中国推进委员会只有三间办公室，现在FAST总部有三层楼，一百多人。楼里有二十多名研究生，他们经常晚上八九点钟还在办公室里工作。南仁东生病后，学生和科研人员都不敢去打扰南老师，但南仁东时不时会走来看一看学生们。前文说过，他的家距离办公楼不远，散步走着走着就到了。

一天晚上，楼里的学生都走了。张承民看到南仁东办公室里还有灯光，里面传出一声紧似一声的咳嗽，门虚掩着。他本能地推门就进，看到南仁东正双手捧着看一页文字，泪流满面，随着一声声剧烈的咳嗽吐出血来……他连忙上前从桌上抽出面巾纸，去擦老师嘴边的血。

南仁东渐渐平息下来后，喘着气，指着放在桌面上的那页文字，意思是让张承民也看看。张承民看到，那是打印出来的习近平总书记的那封贺信……上面留有四方的折痕。这信是南仁东平时就揣在身上的，他不知道看过多少遍了。

南仁东说："FAST一路走来，很难。现在启用了，也还会遇到困难。能不能出成果，要靠你们。怎么再接再厉，怎么团结，怎么协作，怎么高水平管理，怎么运行好？你看，这不光是贺信……"

顺着南仁东手指的地方，张承民看到总书记贺信中的话："希望你们再接再厉，发扬开拓进取、勇攀高峰的精神，弘扬团结奋进、协同攻关的作风，高水平管理和运行好这一重大科学基础设施……”

南仁东从贺信中读出勉励，他还特别在“早出成果、多出成果、出好成果、出大成果”这些字的下方，线条压线条，画上了粗粗的红线。“你们，要拿出方案，不要辜负了习主席的信任！”

FAST 一路艰难，不再艰苦。今后如何，仍取决于人的开拓进取精神。但今天能得到国家最高领导人的支持，南仁东深知这里的重要性。他的感动与荣誉无关，而是深感国家大科学工程，需要国家的充分支持。

另一个日子，南仁东向张承民问起美国国家射电天文台前台长鲁国镛的病情。张承民犹豫了一下，还是告诉了南仁东：

“他去世了。”

“什么时候？”

“去年 12 月 16 日。”

美籍华裔著名天文学家鲁国镛，毕其一生为国际射电天文学的发展做出一系列大贡献，他对中国 FAST 的立项给予举足轻重的支持……得知鲁国镛已逝，已经很多个日子不抽烟的南仁东突然很想抽烟。他走出去，回来时手里有一支烟，还有火，坐下来正打算抽，张承民说：“南老师，您不能抽了。”

南仁东停住，稍后把那支烟放在鼻子下面闻，再后放进嘴里嚼，把它吃了。

“如果有一天我真的不行了，我就躲得远远的，不让你们看见我。”这是南仁东对学生说过的话。

2017 年 5 月 15 日，姜鹏从 FAST 观测基地给南仁东打电话汇报工作。此时，姜鹏是 FAST 调试组组长。汇报完工作，他问了一句：“老爷子，听说你要去美国？”

姜鹏拿着电话听到沉默，稍后传来沙哑的声音："是的。"

彼此沉默片刻，姜鹏听到南老问他："你有时间回来吗？"

"这边事儿太多了，我可能回不去。"姜鹏说。

"好吧。"这是姜鹏最后一次听到南仁东的声音。

今天已无法知道，南仁东当时听到姜鹏表示没打算回来，心里怎么想。我想，他或许会想，姜鹏不错，把心都用在工作上了。

2017年8月，中国科学院公布了2017年中国科学院院士初步候选人名单，七十二岁的南仁东是其中年龄最大的候选人。

张蜀新曾告诉我，天文口有七个院士联名推荐南仁东为院士候选人。另有人告诉我，办公室也积极为南仁东填表，搜集文章。南仁东则说："你们别忙这个了，我活不到那一天。"

其实，早就有人建议南仁东对报院士要积极一些。可是南仁东总说没时间。他说的没时间，是没时间写论文。二十多年来，他几乎所有醒着的时间都用在FAST上了，其中也用了很多时间写建议书，写可行性调研，写项目申请、经费申请……或者构思项目设计，向下指导怎么去做。在他心中，知识是用于社会建设的，如何把FAST建成最重要。

我不禁想起华罗庚。二十世纪六十年代，他看到广大科技人员和工人在火热的社会主义建设中都需要数学，他写了《统筹方法平话及补充》《优选法平话及其补充》，还带着学生到工农业实践中去推广。1965年，毛泽东曾写信祝贺和鼓励华罗庚"不为个人而为人民服务"。南仁东青年时就读到了华罗庚的通俗数学读本，这些对他是深有影响的。

2017年8月15日清晨，贝尔率英国皇家爱丁堡学会五人代表团到达北京国际机场。她是应中国科学院白春礼院长的邀请来华访问的。张承民到机场迎接。贝尔第一句话就问："南呢？"

贝尔在中国的行程，三个月前就排定了。当时南仁东还与贝尔约好，要亲自领贝尔去贵州 FAST 观测基地。张承民知道南仁东去了美国，估计他该回来的，可是几天前给南仁东和他家里打电话，都联系不上了。张承民只好跟贝尔说"南去美国开一个会议"。

贝尔似乎有预感，她觉得南仁东要是没有非常之事，不会失约。"南，没事？"她问。张承民如实说："没联系上。"

按原日程安排，贝尔到达北京的当天上午，没出机场，张承民陪贝尔飞往贵阳，接着驱车去 FAST 观测基地，到达时已是这天下午四点半多了，在大楼里稍坐片刻就去看"中国天眼"。于是就出现了本书第四章里写的那一幕……贝尔看到了，那巨大的球面射电望远镜，在夏日黄昏的夕照中金光闪闪，宛如幻想的天宫奇境，她不禁赞叹："太美了！这是一位画家设计的吗？"

2017 年 8 月 16 日，贝尔已知南仁东在美国处于病危状态，她说了一句"南为什么不去英国治疗呢"。第二天，贝尔在贵州师范大学附属中学给八百多名中学生做了一场讲座。

她记得南仁东曾经建议她"给中学生讲讲"，现在她是在南仁东病危的日子里给中国青少年讲这一课，她似乎很想给孩子们多讲一些。她讲得非常开阔，题为《天眼 · FAST · 脉冲星 · 宇宙》。张承民现场翻译。

在现场互动中，高一女生周佳怡同学说，这是她"第一次听天文科普讲座"，让她"觉得天文是一门非常有趣的学科"……贝尔听了似乎有点惊讶："第一次？为什么是第一次？学校没有自然课吗？"她说，"人这一生，不能没有幻想，不能没有天空。"

2017年9月16日早晨，国家天文台台长严俊在南京参加一个学术会议，收到南仁东夫人从美国发来的一条短信，告知南仁东在美国波士顿去世，时间是2017年9月15日北京时间23点23分。南仁东生前要求：丧事从简，不举行追悼仪式。

5 天上有一颗南仁东星

2017年11月17日，中共中央宣传部追授南仁东“时代楷模”荣誉称号，号召全社会向他学习。

2017年12月8日上午9点，南仁东事迹报告会在人民大会堂举行。报告会由中宣部、科技部、中国科学院、中国科协和贵州省委联合主办。中国科学院院长、党组书记白春礼，中共贵州省委常委、宣传部部长慕德贵参加了报告会。

会上，郑晓年、彭勃、杨清阁、张智勇、张素五人，从不同角度报告了南仁东事迹。

报告会前，中共中央政治局委员、中宣部部长黄坤明会见了南仁东亲属和报告团成员。全国政协副主席、科技部部长、中国科协主席万钢参加会见。

黄坤明在会见时说，南仁东是新时代中国科技工作者的杰出代表和光辉典范。他的先进事迹集中体现了广大科技工作者自觉践行社会主义核心价值观，坚守理想信念、坚守科技报国的精神风貌和崇高理想，激励着各行各业的建设者，也感动着千千万万的中国人。我们要学习他忠于祖国，奉献人民的爱国情怀；学习他勇于开拓创新、勇攀高峰的进取精神；学习他坚毅执着、严谨求实的科学态度。我们要大力学习、弘扬南仁东同志留给我们的宝贵精神财富，在新时代不断克服我们科技的难题，进而不断克服我们经济社会发展当中的各项难题。

黄坤明强调：我相信通过我们报告团的报告，通过进一步地宣传南仁东同志的先进事迹，一定会激起科技界乃至全国各个方面，更好地在以习近平同志为核心的党中央领导下，认真贯彻党的十九大提出的奋斗目标，为实现中华民族的伟大复兴不懈奋斗。

南仁东最后的日子，只有他的妻子郭家珍和女儿在场。现在，郭家珍对黄坤明部长和在场的人们说了一段发自肺腑的话，这段话包括讲出了南仁东最后时刻的愿望，大家都再次很受感动。以下内容根据现场录音整理，保留了郭家珍的口语：

> 南仁东去世以后，习近平总书记、李克强总理以及刘延东副总理等党和国家领导人都对他表示了哀悼，对家属表示了慰问，我借此机会再次表示感谢！我们确实很受感动，在我们最悲伤的时候，得到了非常大的安慰。
>
> 南仁东被授予“时代楷模”称号，他生前绝对不会想到他身后会得到这么高的一个评价。我们作为家属，说实话，我现在仍然诚惶诚恐。我觉得他在我们心中就是一个很普通的人，我们对他的工作事迹并不很了解，家人只知道他是一个勤劳、善良的好人，一个正直的好人。我们只知道这些，至于他在工作中遇到的这些险情，克服了多少困难确实不是很清楚。通过他身后的这些宣传报道，我们也进一步了解了他。对他在工作中的这种奉献精神，我确实也刮目相看。
>
> 这个FAST，我也知道他不是为他自己建的。他平生最大的遗

憾就是说，没有再给他一点时间，让他再为 FAST 做一点工作。到临终的时候，他念念不忘的仍然是他的这个 FAST。他寄重望于后来的人，希望 FAST 的团队继续努力，能够把这个望远镜调试好，使它尽早出好成果，出大成果。我在这里也代表我的家人，预祝 FAST 将来为祖国做出更大的贡献。

2017 年 10 月 10 日上午，中国科学院科学传播局和国家天文台举行新闻发布会，首次发布“中国天眼”FAST 发现六颗已得到国际认证的脉冲星的消息。这是南仁东去世后第 25 天。

实际上，第一颗脉冲星是 8 月 22 日发现的。李菂团队发现了它，将它编号为 FAST 脉冲星一号。9 月 10 日，这颗脉冲星得到国际认证。FAST 副总工程师李菂马上给南仁东发了一封电子邮件，但是没有收到回复。这是南老师逝世的五天前，他已在弥留之际。

2018 年 4 月 28 日，中央电视台报道，国家天文台发布消息：“中国天眼”首次发现一颗新毫秒脉冲星，得到国际认证。这是继发现脉冲星之后的另一个重要成果。

毫秒脉冲星是每秒自转上百次的特殊中子星，对它的研究，是观测超大质量双黑洞发出的引力波最有效的方法。这颗毫秒脉冲星自转周期为 5.19 毫秒，相当于每秒钟转 200 次，想象一下：质量那么密、那么重的星体转得那么快，那是什么情形？

现任 FAST 首席科学家李菂在央视播报的新闻中介绍说：“初步估算，这颗毫秒脉冲星的年龄在十亿年以上，它是一个非常有历史的、转得非常快，又非常稳定的宇宙时钟。”

到 2019 年 1 月 4 日，“中国天眼”已发现脉冲星优质候选体 67 颗，其中54颗得到认证。目前仍有新发现在刷新纪录。

在FAST观测基地，肉肉一直是忠实的守门犬，仿佛永远在那门岗值班。南仁东去世后，不知从哪一天起，肉肉很不安。它消失了。起初，消失两三天，它回来了。然后又消失了。此后大约隔十天、隔半月，它走了又回来，回来了又走……一次次回来，人们看它一次比一次瘦了。食堂的师傅给它很多肉食，希望留住它。它饥饿地大口大口地吃，但没有办法留住它，它还是要走。

“肉肉在找南仁东！”基地的人感觉到了。

肉肉有一个多月没回来了。有人说在克度镇见过它。还有人说在贵阳见过它。一天，有人说，在克度镇那边，有一条狗被人打死吃了，可能是肉肉。大家心里一沉，隐约感觉，可能就是。

又过了大约两个月，人们大抵把肉肉忘了。一天夜里，人们听到狗的长啸……是肉肉！这天月亮很圆，人们循声去看，月光下，肉肉坐在FAST高高的圈梁上，仰头长啸，其声之哀，令人泪下。

2018年10月15日，中国科学院国家天文台宣布，经国际天文学联合会小天体命名委员会批准，国际永久编号为“79694”的小行星被正式命名为“南仁东星”。

这颗小行星是中国国家天文台于1998年9月25日发现的，9月25日是FAST落成启用之日，编号“79694”的尾号“94”，可解读为建大射电望远镜在贵州选址是从1994年开始的。

在国家天文台宣布天上有一颗“南仁东星”的同一天，吴为山创作的又一尊南仁东塑像在FAST基地举行揭幕仪式。仪式由中宣部宣教局、中国科学院科学传播局、贵州省委宣传部和中国科学院国家天文台共同主办。

南仁东塑像，将永远矗立在他倾注毕生精力打造的FAST的家园。有人说，南仁东走后，囱囱找南仁东找得太苦了。现在，如果囱囱回来，可能就不会再走了。但是，囱囱再也没有回来。

6 天文小镇

天眼建成，给当地发展带来巨大好处。

怎么向你介绍这个小镇呢？克度镇是距离天眼最近的小镇，如今被称为“地球上看得最远的地方”。

小镇形成于元代，明初始称“克度里”。镇内仍存古屯堡、木瓦房，还可见今已不用的石臼、石磨、水碾和木制织布机。传承得最悠久的还是有几千年历史的山歌对唱、祭典、阳戏，至今仍是受游客欢迎的文化节目。

克度镇辖十三个行政村四万五千多人，农业人口占到97%。1994年聂跃平选址首次到这里时，所见乡村还有不少茅草房。那时大部分青壮年外出打工，如今大部分已返回家乡。

小镇仿佛一夜之间建起两座五星级宾馆，还有中小酒店五十九家、餐馆一百多家。这是我2017年11月到天文小镇时了解到的数字。这些餐馆大部分是搬迁到小镇上来的农民办的。

如果把为安置移民而新盖的楼房描述为移民新村，肯定是不准确的。迁入的移民每家都有独立的楼房，楼下一层可做店面。一排排新楼面街而立，有许多条街，俨然是个很有规模的新镇。

某天早晨醒来，克度人发现自己的家乡已经被来来往往的游客叫成了“天文小镇”。这里已经不偏僻了。从贵阳到这里，车程从原来的两个半小时缩短为一个半小时；从平塘县城到这里，从两小时缩短为四十五分钟。

这里的宾馆、餐馆、商店，不唯可住人、吃饭、购物而已。整个小镇充满科技感、未来感。路灯就有几十种，在夜色中或幽静或炫目地亮着种种天文元素。这一切让你感到这里有精心的设计，有不寻常的组织作为。

进入小镇，耸立眼前最大的地标建筑是天文时空塔，银白色的塔身高达 99.99 米，给人一飞冲天去探索宇宙的冲动。高塔二十七层。怎么上去？有五部电梯，可见规模。登临塔顶，极目远眺，整个小镇尽收眼底。夜幕下，小镇的旋涡星系广场、中轴迎宾广场、暗夜观星园、天文教育园、天文时光村、天文风情客栈、天眼访客服务中心、万国风情美食街、星空游乐场，还有 450 米长的天幕商业街……各色建筑星罗棋布，无数灯光点点如闪烁的银河。时空塔本身灯光变幻，绚丽璀璨，塔顶射出去的光束直冲云天，令人惊叹。置身其中，夜风吹拂，无论上下，睁眼便是浩瀚星空，侧耳能听宇宙呼吸。

怎么做到这些的？再看看，这里不是只有新房子，这里正在成为国际天文学的一个会议中心。2017 年 9 月 25 日，第二届国际射电天文研讨会在这里隆重举行。小镇还先后召开了中法 SVOM 天文卫星国际科学研讨会，中国—南非射电天文、空间测地与空间科学双边会议等国际会议。

为纪念世界最大的射电望远镜建在贵州省黔南州平塘县，国际天文学联合会将中国科学院国家天文台发现的两颗小行星，分别命名为平塘星、黔南星。另有中国科学院紫金山天文台发现的一颗小行星被命名为贵州星。

天眼建成，不只是给天文小镇带来巨变，临近的通州、塘边等乡镇建设也快速推进，农村面貌大幅改善，大量外出打工农民返回家乡。2012 年，平塘县经济发展在全省 88 个县（市、区）排名第 73 位。天眼建成半年后，2017 年上半年，平塘县在全省县域经济发展第三方阵的 15 个县市中排名第一。受积极影响的不只平塘县，还辐射带动了罗甸、惠水、贵定、独山等县。

“中国天眼”景区总经理韩明陆对我说：“其实，到平塘，可看的不仅有‘天文’，还有‘地理’。”

韩明陆就是平塘人，毕业于天津商业大学，1997 年担任这景区总经理时只有二十五岁。我略略一想，天眼建在平塘，不就是因为平塘的地貌吗？他的话里一定还有内容。

果然，他说：“我们平塘县委臧侃书记用八个字概括：观天探地，世界唯一。”

“探地，怎么唯一？”

“我们这里打造了‘大贵州滩’。”

“什么是大贵州滩？”

他把有关信息发到我手机里。于是我看到，以平塘、罗甸、惠水三县交界为核心的一大片三叠纪沉积地层区域，是距今两亿年前发育在深海盆地中的一块碳酸盐岩台地，深海、半深海、浅海、陆地等各种环境的沉积岩石都有，故名“大贵州滩”。这里曾经是海陆生物生息繁衍的理想场所，各种水生爬行动物化石、海百合化石，以其宏大的规模令世界震惊。

韩明陆的介绍正好说明，贵州高原地处西南，因天眼的建成，这里瑰丽雄奇的山川地貌也向世界展示出它独特的优势。比如大贵州滩现在是平塘的“国家地质公园”，这里洞穴密布、暗河纵横、漏斗竖井天坑成群，集合了所有的喀斯特地质地貌特征，具有不可复制的稀缺性、可观赏性。

不仅可观赏。我十五年前初次到贵州，来过平塘。那时从天空中俯瞰这儿的山，只见宛若无数远古征战的帐篷安扎在大地，不像我家乡的武夷山或欧洲的阿尔卑斯山那样连绵不绝，多是一座一座平地而起。这是怎么形成的呢？那以后我知道了，这里的山，是两亿年前的海底景观。在这些高度差别不大的群山之间，曾有许多海底生物在“山”与“山”之间游弋，是两亿年前海底的自然力量造就了它们。今天世界最大的500米口径望远镜就安放在周围多座山与山之间的低洼处。青藏高原在距今约二三百万年前开始大幅度隆起，形成今天的“世界屋脊”。最后露出水面的这片海底世界，因无数小山峰耸立于斯，便成为当今中国唯一没有平原支撑的省。在这个省最具特点的洼地中，平塘便是最适合安放世界最大望远镜的地方。那么，要看、要研究两亿年前的海底世界，请到“中国天眼”的家乡来，这里有一部地球地质成长史，它也是青少年学地理地质的天然大课堂。

你已知天眼落成于2016年9月。2017年上半年，平塘接待游客就达到513.63万人次，其中省外游客349.27万人次，旅游总收入46.23亿元。到当年第三季度，上述数字刷新为：共接待游客1006.1万人次，旅游总收入81.08亿元。当地政府描述为“井喷式”增长。

韩明陆告诉我，游客中大部分是家长带着孩子一起来的，还有学校组织学生来的，夏令营、冬令营，或者来这里上天文课、地理课。省外的多来自重庆、四川、云南、北京、广州和上海。

7 最好的纪念

2018年1月，冠音放寒假的时候，我带她来到天文小镇。除了可以沿着观光栈道登上高高的观景平台，俯瞰世界最大的射电望远镜全景，冠音最感兴趣的还有天文博物馆和天文体验馆。在我看来，天文小镇的天文馆，是中国最好的天文馆。

走进天文馆大厅，看到一尊站在地球上的人物塑像。我曾问：“知道他是谁吗？”冠音脱口而出：“张衡。”

“不是。”我说，“你仔细看，下面写着。”

“屈原。”她读出来，并问，“为什么是屈原？”

“屈原写过《天问》，从古至今有很多人翻译过，学军爷爷会背诵其中的一种，我感觉是翻译得最好的。请他给你背诵几句吧。”那次，我的好友师学军是一起去的，他欣然背诵如下：

这浩茫的宇宙有没有一个开头？
那时混混沌沌，天地未分，
可凭什么研究？
穹隆的天盖高达九层，
多么雄伟壮丽！
太阳和月亮高悬不坠，
何以能照耀千秋？
大地为什么倾陷东南？
共工为什么怒触不周？
江河滚滚东去，大海总喝不够？
哪里能冬暖夏凉？
何处有灵芝长寿？
啊！是非颠倒，龙蛇混杂，
谁主张君权神授？
为追求真理的阳光我日夜奔走，
渔夫却笑我何以不随波逐流！

这座天文馆大厅里屹立的是一个诗人，为什么？

本书第一章曾说，屈原的《天问》，包含着对宇宙，对天地苍穹，对国家社会，对世道人心，深邃的追问！这个天文馆展示的不只是科学。它能启发学生对浩瀚时空和漫漫人生广阔的思考。

南仁东曾说自己一生竭尽全力，与前辈、同事和学生共同奋斗只是提供了天眼这个平台，期望年青一代用它去创造成就。他一生忙碌，有心科普却所做甚微，因而现在更大的期望——“天眼”能成为打开青少年眼界、放飞幻想、激励创造的重器，这是比促进经济发展更重要的“国之重器”。

天地万物，最重要的并非物的创造，而是人的建设。

中国科学院科学传播局局长周德进是一位笑容可掬的领导，他对诸多科学家的创造非常了解。他曾向我介绍说，习近平主席 2017 年的新年贺词讲道：“‘中国天眼’落成启用，‘悟空’号已在轨运行一年，‘墨子号’飞向太空，神舟十一号和天宫二号遨游星汉……”这都是最近一两年我国探测太空的重大成就。

不仅上天，还有下海。我国“蛟龙”号载人潜水器，在地球最深处的马里亚纳海沟创造了载人下潜 7062 米的“中国深度”，是世界同类作业型载人潜水器下潜最深的世界纪录。它是中华民族进军深海的号角。

地球有南北两极，喜马拉雅山被称为地球的第三极，大海最深的马里亚纳海沟则被称为地球的第四极。中国“蛟龙”号载人潜水器是向地球第四极进军中能到达最深处作业的载人深海重器，意味着“蛟龙”号可在占世界海洋面积 99.8% 的广阔海域使用。“蛟龙”号载人潜水器还计划于 2020 年 6 月进行为时一年的海底环球航行。这无疑是郑和、哥伦布、麦哲伦都无法想象的伟大壮举。

周德进还告诉我，中国科学院目前探测宇宙的科研还有“太极计划”

属于运用不同的方式进行空间引力波探测。关于引力波探测的重大意义，在天文小镇的天文馆里也有通俗的展示。

我想起南仁东曾说："我们有很多高新领域落后于世界，但是，中国有它的光亮之处。"周德进讲的正是中国的光亮之处。一个多世纪以来，经过几代人的发愤图强，中国科技不少落后的地方正逐渐挺进到人类探索与创造的前沿。

我又一次细看了南仁东留下的非常有限、极其珍贵的音像，我听到南仁东本人讲 FAST 的科学意义，他概括了七个字："一黑二暗三起源。"一黑是黑洞，二暗是暗物质、暗能量，三起源是宇宙起源、天体起源和生命起源。他说，这都是 FAST 要探索的任务。

这是他生命中最后一段时光留下的音像，他的话语小声、短促而吃力，有些语言看似连不起来，但还是能听出他的思索。

他说："十六世纪，哥白尼用日心说，把我们从宇宙的中心踢开……"这是讲，当人类知道地球不是宇宙的中心，就动摇了欧洲千年来形成的哲学和宗教的宇宙观，由此给人类社会带来的变化是划时代的。

他接着说："如果生命只有地球有，我们还是生命的中心、文明的中心……"他想说什么呢？这里可见他确实想探索地球之外的生命。在浩瀚的宇宙中，难道只有地球有生命吗？没有发现，不等于没有。南仁东不认为宇宙中没有地外生命，只是人类还没有发现。他说："我们如果发现了同类，我们什么都不是。"这"同类"是指地球之外有智慧的生命。他说的"我们什么都不是"，是指人类就不会认为宇宙中只有我们地球上有生命。

发现了地外生命有什么好处？

他说："这会根本地医治人类的贪婪与狂妄。"在这里，南仁东思索的是，人类至今不停地战争、掠夺、压榨，说着冠冕堂皇的理由，本质上还是以强凌弱，以大吞小，以富欺贫。假如人类发现了外星智慧，或可警醒人类，不要狂妄于自己掌握的科技、占有的金钱，人类能不能变得让善良来统治人心，停止相欺相残，团结起来，变得好一点呢？

一个关心生命起源的人，我们就难以把他仅仅看作一个科学家了。能够思索到——人类如果在天文的第三时代，通过射电望远镜发现地外生命，将有助于改造人类自己，这只是一个科学家吗？这是一个哲学家的思维。

每个人都会有人生理想。南仁东自小喜欢绘画，有美术家的梦想；考大学时报考建筑系，有建筑家的理想；清华把他录取到无线电系，改变了他的“专业”，但并未改变他的理想，只是让他多了一个科学理想。最终，他把自己一生钟情的三大理想——美术、建筑、科学——如此完美地融合在一台世界最大的射电望远镜中，如此开阔地将地球、人类同宇宙联系在一起，这真是一个非常之人。

你已看到，“中国天眼”落成三个月后，2017 年的前三个季度，到平塘的旅游者已超过一千万。据韩明陆介绍，青少年正在逐月激增，目前人数已占到三分之一以上，即年四百万左右。这影响可思议乎？

“中国天眼”是南仁东最好的纪念碑。通过“中国天眼”，通过天文小镇，影响一代又一代青少年，意义不可估量。期望千千万万个青少年成长起来，这正是南仁东的召唤，也是对这个中国英雄最好的纪念。

简短的结语

写在结语中的话，多在书中已有表达，提出来放在这里，是为了引起特别注意。“中国天眼”建成，对推动科技进步、促进当地经济发展等多方面带来的好处，都是巨大的。但不能忽略，南仁东和他凝聚起的团队，之所以能铸就这个“国之重器”，他们自身最重要的收获是在非常的困境中找回“自力更生”。

在十多年争取“大射电”国际项目所经历的困境中，南仁东痛彻地反省，为什么多年来我们总是不够自信？我们总在“引进引进”中引进人家的零部件组装产品，自己就造外壳。日久，国内外很多人都认为中国真的不行。可是，新中国早期经济科技都落后，老一辈科学家靠什么搞“两弹一星”？靠自力更生、艰苦奋斗。“有条件要上，没有条件创造条件也要上。”这是响彻那个时代的声音。

所谓“发愤图强”，南仁东正是在无异于卧薪尝胆的艰辛中愤然而起，向中国科学院提出，向国家申请500米口径大射电望远镜立项，由我国自主建造。国家发改委批准。自此，FAST项目进入快速推进阶段。全国近二百家大学、科研院所和大中型企业，包括一百多位科学家在内的五千多人直接参与这项大科学工程建设。他们迸发出的研发力量，以及地方政府和人民群众的力量，都在“自力更生”的旗帜下，仿佛瞬间就被极大地释放出来。由此可以看出，中国社会内部蕴藏着多么巨大的自主创新能力。

南仁东团队认为，FAST建设像是科技的长征，把看起来难以实现的目标，通过宣传、播种，凝聚起很多人来参与……这里面就有精神的力量。

我们重物质利益轻精神已经很久了。精神、理想究竟有多大的力量？2016年我参加拍摄大型电视纪录片《长征》，受教育最深的就是如下情节：红军湘江血战五昼夜后，只剩下三万多人，蒋介石用四十万大军围歼红军。如果此时搞个科学论证，这三万多红军已严重缺枪弹缺粮草，且伤病员不少，能战胜全副武装的国民党四十万大军吗？物质条件对比，悬殊巨大。红军凭什么继续战斗？“红星照我去战斗”，那就是精神的理想的力量！

这是不是不讲实际？最大的实际就是此时中国有四万万人，大部分是苦难中的人民。共产党是为大多数人民谋利益的。湘江血战后的三万多红军只要还有一小部分人冲出去，星星之火可以燎原，一定会凝聚起更大的力量。所以，为大多数人共同的利益而工作，是精神、是理想、是信仰，也是最大的力量。这是值得永远记取的。

2018年12月31日晚7时，国家主席习近平通过中央广播电视总台和互联网发表2019年新年贺词，他说：“此时此刻，我特别要提到一些闪亮的名字。今年，天上多了颗‘南仁东星’……”习近平主席在新年贺词中还讲道：“2019年，我们将隆重庆祝中华人民共和国70周年华诞。70年披荆斩棘，70年风雨兼程。人民是共和国的坚实根基，人民是我们执政的最大底气。一路走来，中国人民自力更生、艰苦奋斗，创造了举世瞩目的中国奇迹。新征程上，不管乱云飞渡、风吹浪打，我们都要紧紧依靠人民，坚持自力更生、艰苦奋斗……”在这段抚今追昔的话语中，习近平主席两次讲到“自力更生、艰苦奋斗”。

追思“中国天眼”艰苦卓绝的建造历程，我以为最大的成功不是哪一项科技创新成就，而是找回“自力更生”！若举国都能像“时代楷模”南仁东那样坚定而自信地找回“自力更生、艰苦奋斗”，则新时代中国前途不可估量。

“自力”中包含着“独立自主”，“更生”则把前途和结果也讲出来了。

独立自主，不是有没有足够能力的问题，而是只有独立自主，才能充分施展出自己的创造力。因而我以为，天眼是国之重器，“自力更生、艰苦奋斗”是我们更加宝贵的国之重器。

作者附言：

接受采写南仁东生平事迹这个任务的时候，南仁东已经不在了。我能否胜任，心中不无忐忑。进入采访后发现，仅就FAST二十二年来说，南仁东的领导、同事、学生，与之相处多是“阶段性”；即使在同一时间段，各人也只是接触到这个“总工程师”工作的一部分。需要了解的不只是南仁东做出了什么，更重要的是南仁东为什么是这样一个人。要比较准确、完整地了解和理解南仁东，并不容易。

我得到方方面面的支持和帮助。中国科学院科学传播局周德进局长的谦逊、严谨和给予我的具体帮助尤其令我难忘，我在电话中都能看到他的微笑。我还想特别写下若干姓名：韩明陆、王晓亮、黄京一、胡卉、王洋、钱惠、文才，他们是不同地点不同单位的领导和普通工作人员。不论什么时间我打电话，他们都给予我热情及时的帮助。

FAST深具科学奥秘，且学科交叉甚多。南仁东及其团队所从事的大科学事业和创造性工作波澜壮阔，我能力渺小，认识也受学识阅历之限，文中必有谬误，诚盼南仁东的知交同仁和读者赐正，以期再版时纠正。

我的E-mail地址：whj5300@sina.cn

谢谢！

王宏甲

2019年2月 于北京

南仁东大事年表

1945 年（乙酉年）出生

2 月 19 日（农历正月初七）出生于吉林省辽源市龙山区。满族。父亲是辽源矿务局的工程师。

1951 年 六岁

就读于辽源中兴小学。

1957 年 十二岁

上中学了，就读于辽源四中。

1960 年 十五岁

上高中了，就读于辽源五中。高二时喜欢天文，自订了一本杂志《每月一星》，必读。

1963 年 十八岁

高考获 98.6 的平均分（百分制），9 月以吉林省理科第一名的成绩考入清华大学无线电系真空及超高频技术专业。

1966 年 二十一岁

加入北京学生到全国各地去串联的人流，去了上海、广东、四川、陕西、甘肃、新疆和内蒙古等地。

1968 年 二十三岁

11 月，大学毕业，分配到吉林省通化市无线电厂，开始了同工人相结合的历程。12 月，为工厂画了一幅五米高的巨幅毛主席画像，受到全厂人员称赞。

1969 年 二十四岁

在通化无线电厂与其他技术人员共同研发便携式收音机。此后这“向阳”牌便携式收音机走俏全国，成为家喻户晓的品牌。这是他第一次参加一项科研新产品的设计研制全过程。

1970 年 二十五岁

为响应国家提出的“让全国人民都看上电视”的号召，通化无线电厂开始研发 10 千瓦电视发射机。南仁东被任命为研制小组组长。经攻坚苦战，产品通过省级验收。南仁东主导设计的电视发射机外形，被吉林省工业厅评为第一名。

1971 年 二十六岁

通化无线电厂与吉林大学合作开发一款当时所称的计算机，它的功能实际上类似现在的电子计算器。南仁东任试制组组长。产品从试生产到大批量生产，通化无线电厂成为通化市的三大纳税大户之一，南仁东也从工人晋升为技术科长。

1977 年 三十二岁

国家宣布恢复高考制度。已有一双女儿的南仁东决定应考。他继续上班，用业余时间复习功课。

1978 年 三十三岁

9 月，国家招收恢复高考后的第一批研究生，他被中国科学院研究生院录取为天体物理研究生。学习期间，他独立提出利用射电强源 Cyg A 校准密云米波综合孔径望远镜的方法，成功应用于观测，完成了电离层改正模型及望远镜阵列的成像。

1981 年 三十六岁

7 月，研究生毕业获硕士学位，导师是王绶琯院士。毕业后到中国科学院北京天文台工作。

1982 年 三十七岁

在北京天文台任助理研究员。同年继续攻读中国科学院研究生院天体物理学博士。1987 年 7 月获博士学位。

1984 年 三十九岁

开始使用国际甚长基线网（VLBI）对活动星系核进行系统观测研究。主持完成欧洲和全球网十余次观测。首次在国际上应用甚长基线干涉测量技术“快照”模式，取得了丰富的天体物理成果。VLBI 混合成图达到当时国际最高动态范围水平。建立北京天文台 VLBI 相关后图像处理中心，使二十世纪八十年代国内进行 VLBI 数据分析成为可能。

1985 年 四十岁

冬，应邀前往苏联莫斯科附近普希诺（Pushchino）射电天文台和乌克兰克里米亚（Crimea）射电天文台访问。随后到荷兰德文格洛射电天文台（Dwingeloo Radio observatory）做访问学者。

1987 年 四十二岁

5 月，结束了在荷兰的访问学习，回到北京天文台工作。

1992 年 四十七岁

10 月，任北京天文台研究员。从荷兰回国后至 1992 年的五年间曾先后在日本、美国、英国、意大利等多国的天文机构进行短期客座研究。回国后曾任北京天文台副台长。

1993 年 四十八岁

9 月，国际无线电科学联盟（URSI）第二十四届大会在日本东京召开。与会的天文学家提出：要抓紧时间共同建设新一代功能强大的“大射电望远镜”。南仁东了解详情后提出要抓住这个机会，把这个国际项目争取到中国来建设。12 月，他担任北京天文学会理事长。

1994 年 四十九岁

联合一批国内天文学家，共同提出了争取把这个多国合作的大射电望远镜建在中国的《建议书》。6月，大射电望远镜选址工作启动。中国科学院批复成立大射电望远镜中国推进委员会，南仁东主持推进工作。

1995年 五十岁

10月，大射电项目国际天文学会议在贵州召开。贵州首次迎来三十多位国际著名的外国天文学家。之后，美国《科学》（*Science*）杂志报道了在中国贵州大片喀斯特洼地为LT早期选址和预研究的报告。

1996年 五十一岁

首次发现大窝凼。首次召集全国高等教育天文选修课研讨会，论文集在北京大学《高等教育论坛》发表。向国家教委提交《关于加强高校天文选修课的倡议书》，这一举措对后来高校的天文学教育产生了影响。自编教材《射电天文》，每年授课七十学时。本年任国际空间VLBI项目VSOP在轨检测IOC组长，任国际宇航科学院IAA的SETI委员会SOC委员。

1997年 五十二岁

提出由我国独立建造一台500米口径的射电望远镜（FAST）作为“LT中国工程概念先导单元”的计划。

1998年 五十三岁

4月，大射电望远镜中国推进委员会转型为FAST项目委员会。夏天，南仁东亲自为FAST设计了徽标。

1999年 五十四岁

3月，中国科学院知识创新工程首批重大项目“大射电望远镜FAST预研究”启动，南仁东任首席科学家。

2001年 五十六岁

11月，FAST项目通过中国科学院组织的结题验收，证明了FAST工程概念的可行性。

2002年 五十七岁

在FAST项目委员会年会上，正式提出“FAST主动反射面的主要支撑结构采用了创新性的索网技术”这个概念。

2004 年 五十九岁

5 月 6 日，在央视《百家讲坛》讲述《寻找地外生命》。

2005 年 六十岁

国家自然科学基金交叉重点项目“巨型射电天文望远镜的新模式”启动。9 月，中国科学院组织召开“FAST 建议书专家评审会”，项目通过评审。11 月，南仁东在中国科学院召开的院长办公会上提出要向国家申请 FAST 立项。

同年推进启动脉冲星研究，接受国防科工委关于调研“XNAV 脉冲星自主导航的技术”国际发展的任务，完成并提交“脉冲星在空间飞行器定位中的应用”报告。并担任中国科学院重要方向性项目“脉冲星观测研究及其计时和导航应用”专家组组长，提出 FAST 脉冲星计时阵的应用目标。

2006 年 六十一岁

3 月，中国科学院基础科学局举行“FAST 项目国际评估与咨询会议”，数月后与会专家综合评估认为项目可行。7 月，中国 SKA 台址在国际上竞争失利，国际 SKA 项目于 9 月确定在南非和澳大利亚选址。8 月，国际天文学联合会第二十六届大会在捷克首都布拉格举行，南仁东当选为国际天文学会射电天文分部主席。在本次大会与乔瑟琳 · 贝尔见面交谈。

2007 年 六十二岁

7 月，国家发展和改革委员会批复 FAST 工程正式立项。南仁东率领团队进入 FAST 可行性研究快速推进阶段。贵州平塘县成立了大射电望远镜项目建设工作领导小组，组织进行 FAST 建设的一系列前期工作。

2008 年 六十三岁

10 月，国家发改委批复了 FAST 工程的可行性研究报告。12 月 26 日，中国科学院和贵州省人民政府在大窝凼共同举行 FAST 工程奠基典礼。南仁东在 FAST 的奠基石上刻了一副自己写的对联：“北筑鸟巢迎圣火，南修窝凼落星辰。”

2009 年 六十四岁

中国科学院和贵州省人民政府联合批复了 FAST 工程初步设计及概算。本年发现索网的疲劳问题，FAST 遇到近乎灾难性难题。由此组织艰巨的技术攻关，历时近两年，经近百次失败，对几乎所有失败案例都亲自过目，与技术人员沟通改进措施，终于攻克这一技术难关。

2010 年 六十五岁

开始建会战大军将要进点的“临建房”、水窖等，南仁东大部分时间在工地上。

2011 年 六十六岁

3 月，大窝凼村民搬迁完毕，FAST 工程正式动工建设。此后在五年半的建设过程中，先后有近 200 家企业、大专院校、科研院所 5000 余人直接参与了这个大科学工程建设。

2012 年 六十七岁

1 月，国家 973 计划项目“射电波段的前沿天体物理课题及 FAST 早期科学研究”正式启动。南仁东指导 FAST 973 项目的立项及组织实施，确立了 FAST 实现世界首个漂移扫描多科学目标同时巡天的原创科学策略，提出调试阶段全波段监测蟹状星云脉冲星的优先观测计划，建议用于望远镜调整期及早期试观测的单波束和多波束接收机。

8 月，国际天文学联合会第二十八届大会在北京召开。这是国际天文学联合会第一次在中国召开这样的大会。12 月，FAST 台址开挖与边坡治理工程通过验收。

2013 年 六十八岁

12 月 31 日，FAST 工程圈梁钢结构顺利合龙。

2014 年 六十九岁

11 月，FAST 馈源支撑塔制造和安装工程通过验收。

2015年 七十岁

2月4日，FAST索网工程完成合龙。3月南仁东病倒，查出肺癌晚期。秋天，他返回工地指导各项工作。11月，FAST馈源舱首次升舱成功，舱停靠平台通过验收。索网技术成果获2015年钢结构协会科学技术奖特等奖。

2016年 七十一岁

6月，FAST综合布线工程通过验收；140MHz—280MHz接收器完成安装；7月，FAST反射面单元完成吊装，FAST主体工程完工；9月25日，FAST工程正式竣工。“中国天眼”落成启用。中共中央总书记、国家主席、中央军委主席习近平给科研人员和建设者们发来贺信。

2017年 七十二岁

1月获评“2016年度科技创新人物”和“2016中国科学年度新闻人物”，5月获首届“全国创新争先奖”奖章。9月15日北京时间23点23分，“中国天眼”巨匠南仁东在美国波士顿逝世，享年七十二岁。

11月17日，中共中央宣传部追授南仁东“时代楷模”荣誉称号，号召全社会向南仁东学习。12月8日上午，南仁东事迹报告会在北京人民大会堂举行。

2018年

9月30日下午，南仁东事迹展暨南仁东塑像揭幕仪式在中国科学院举行。10月15日，第二座南仁东塑像揭幕仪式和“南仁东星”命名仪式在贵州“中国天眼”基地举行。南仁东塑像的创作者是中国美术馆馆长吴为山。

12月18日，中共中央、国务院授予南仁东“改革先锋”称号，并颁发改革先锋奖章。

12月31日晚7时，国家主席习近平通过中央广播电视总台和互联网，发表了2019年新年贺词。他说“此时此刻，我特别要提到一些闪亮的名字”，接着就说到“今年，天上多了颗‘南仁东星’”。